LIVROS QUE
CONSTROEM

ATAQUE E
CONTRA-ATAQUE
NO XADREZ

Biblioteca

"ESPORTES E JOGOS"

— 6 —

Volumes publicados:

1. *Partidas Selecionadas de Xadrez*   V. V. Smyslov
2. *Manual Completo de
   Jogos de Cartas*   E. Culbertson
3. *Aventura do Xadrez*   Edward Lasker
4. *Divertimentos Matemáticos*   Martin Gardner
5. *Aberturas de Xadrez*   F. Reinfeld
6. *Primeiro Livro de Xadrez*   Reinfeld - Horowitz

ATAQUE E CONTRA-ATAQUE NO XADREZ

PLANEJAMENTO DO JÔGO E REAJUSTAMENTO EM FACE DE SITUAÇÕES INESPERADAS

Êste livro combina *Third and Fourth Books of Chess* (com 35 páginas de *Improving Your Chess*) e dois capítulos novos

FRED REINFELD

Tradução de
A. TOURINHO

IBRASA
INSTITUIÇÃO BRASILEIRA DE DIFUSÃO CULTURAL S.A.
SÃO PAULO

Título do original norte-americano:

Attack an Counterattack in Chess

Copyright © 1954/55 by Sterling Publishing Co., Inc.

Capa de
A. E. ARIZPE

5.ª edição

Código para obter um livro igual: IX-6

Direitos exclusivos para a língua portuguêsa da
IBRASA – INSTITUIÇÃO BRASILEIRA DE DIFUSÃO CULTURAL S.A.

Rua. Treze de Maio, 446 - Bela Vista - 01327-000 - São Paulo - SP

Publicado em 2010

IMPRESSO NO BRASIL – PRINTED IN BRAZIL

ÍNDICE

PARTE I

Ponto de vista das Brancas

CAPÍTULO	PÁGINA	
1	11	Como Controlar o Centro
2	21	Como Explorar uma Mobilidade Superior
3	34	Como Explorar uma Abertura Precipitada da Posição pelas Negras
4	45	Como Explorar um Contra-ataque Prematuro das Negras
5	52	Como Explorar Debilidades Resultantes de Lances Fracos de Peão, por Parte das Negras
6	68	Como Explorar Erros de Julgamento por Parte das Negras
7	80	Como Explorar Defesas Irregulares

PARTE II

Ponto de vista das Negras

8	95	Como se Apoderar da Iniciativa
9	110	Como Jogar Contra Gambitos
10	128	Como Defender-se de um Poderoso Ataque
11	150	Como Passar ao Ataque
12	159	Como Explorar Aberturas Incomuns

ANOTAÇÃO DE XADREZ

Como está indicado no diagrama abaixo, tôdas as casas do tabuleiro de xadrez são numeradas de ambos os lados do quadro; por exemplo: 1 TR das brancas, corresponde a 8TR das negras. As casas são designadas também pela inicial da peça que ocupa a coluna.

Relação das principais abreviaturas usadas no jôgo de xadrez:

NEGRAS

1D	1BD	1CD	1TD		1R	1BR	1CR	1TR

(diagrama do tabuleiro com numeração espelhada de ambos os lados)

BRANCAS

Rei — R	lance muito mau — ??
Dama — D	xeque — +
Tôrre — T	xeque descoberto — + desc.
Cavalo — C	xeque duplo — + dpl
Bispo — B	en passant — e. p.
Peão — P	bom lance — !
captura — X	muito bom lance — !!
lance mau — ?	ótimo lance — !!!

I. PONTO DE VISTA DAS BRANCAS

Capítulo Um

COMO CONTROLAR O CENTRO

VAMOS INICIAR uma partida. As peças e peões ocupam suas posições. As brancas são suas. Que idéia básica orientará seus primeiros lances? Sabemos como é importante um desenvolvimento rápido e correto das peças, e que, normalmente, devemos iniciar o jôgo movimentando um dos peões do centro. "Contrôle do centro" — eis a idéia básica na abertura. Mas o que devemos entender por centro? Como controlá-lo? Por que é importante o seu contrôle?

1

No tabuleiro ao lado a linha acentuada define o centro.

O centro, como podemos concluir observando o tabuleiro acima, é constituído pelas casas 3R, 3D, 4BR, 4R,

11

4D, 4BD, 5BR, 5R, 5D, 5BD, 6R e 6D. A peça centralizada adquire seu máximo raio de ação e poder. Uma vez centralizada, a peça pode ser ràpidamente transportada para outros setores de acôrdo com o curso posterior da luta. Muitas vêzes encaramos o centro de uma forma mais restrita, abrangendo apenas as casas 4R, 4D, 5R e 5D. Estas são na realidade as casas mais importantes para os peões. Por quê? Porque um P, em 4R ou 4D, evita que peças hostis ocupem as casas por êles controladas. Desta forma "contrôle do centro" significa situar os peões e peças de forma a se obter superioridade no centro em relação ao adversário. Às brancas cabe o primeiro lance; conseqüentemente, são mais amplas suas possibilidades para o contrôle do centro.

A seguir veremos alguns exemplos, que nos revelam como explorar o contrôle do centro, contra as negras.

GIUOCO PIANO

BRANCAS	NEGRAS	BRANCAS	NEGRAS
1 P4R	P4R	3 B4B	B4B
2 C3BR	C3BD	4 P3B	....

2

As brancas pretendem montar poderoso centro de peões, com P4D.

12

As negras devem lutar pelo centro jogando 4 ... C3B, atacando o PR das brancas. Então, após 5P4D, P×P; 6P×P, B5C+; 7B2D, B×B+; 8CD×B, P4D, tomariam pé no centro. Porém preferiram outra linha de jôgo menos eficiente.

4.....	D2R	8 P4TD	P3TD
5 PAD	B3C	9 C3T	B5C
6 O-O	C3B	10 C2B	O-O
7 T1R	P3D	11 C3R!	....

O poderoso centro de peões fustiga as peças negras e privam-nas de jôgo adequado. (Observe-se como o C das brancas manobrou para chegar a uma posição central). Se agora 11 ... B4TR; 12 C5B! repele a D negra. E se 11 ... B×C; 12 P×B, P×P; 13 C5B! novamente a Dama é repelida. Assim o BD das negras é forçado a uma humilde retirada.

| 11...... | B1B | 13 B5CR | P×P |
| 12 C5D! | D1D | 14 P×P | B5C |

3

Desesperadamente as negras esperam consolidar sua posição com B×P.

A cravação do CR das negras ameaça romper o roque com efeitos desastrosos. Para explorar a cravada as brancas avançam seu PR, graças ao poderoso centro de peões:

15 P5R!	B×C		18 B×C	P×B
16 D×B!	C×PD		19 D6T	Aband.
17 D3TR	P×P			

As negras abandonam, porque após 20 C×PBR +, devem entregar a D para evitar o mate. As brancas ganharam explorando o lapso do adversário, que não realizou em tempo ... P4D, que lhe proporcionaria outras perspectivas.

A seguir, novamente as negras negligenciam o combate pelo centro com ... P4D. As brancas logo esmagam o oponente sob brutal manobra.

DEFESA SICILIANA

BRANCAS	NEGRAS	BRANCAS	NEGRAS
1 P4R	P4BD	6 B2R	B2C
2 C3BR	P3D	7 B3R	O-O
3 P4D	P×P	8 P4B	C3B
4 C×P	C3BR	9 C3C	B3R
5 C3BD	P3CR	10 P4C!	....

4

As brancas buscam organizar um centro fortíssimo. As negras devem contra-atacar enèrgicamente com ... P4D!

10...   C2D??

As brancas estão em condições de dar início a um assalto de peões que abrirá linhas na cobertura do R negro.

Após 10 ... C2D??, as brancas têm o caminho aberto

11 P4TR!	P4B	16 O-O-O	C×C+
12 P5T	C4B	17 PB×C	T1B
13 PT×P	PT×P	18 TD1C	B4B
14 PC×P	P×P	19 B4B+	P3R
15 D2D!	P×P	20 D2T!	D3B

O ataque final das brancas pode ser desencadeado.

5

Com sacrifícios brilhantes as brancas tiram o máximo proveito das linhas abertas.

21 C5D!!	P×C	24 T×B+!	R×T
22 B×PD+	B3R	25 D7T+	R3B
23 B×B+	D×B	26 T6T mate.	

Esta partida nos mostrou como as brancas punem as negras, quando estas abandonam o centro. Na partida seguinte, as brancas constroem um poderoso centro que constitui a chave do seu decisivo ataque.

Erros na abertura, por parte das negras, contribuem para a formação dêsse centro.

DEFESA NIMZOÍNDIA

BRANCAS	NEGRAS	BRANCAS	NEGRAS
1 P4D	C3BR	2 P4BD	P3R

| 3 C3BD | B5C | 5 P3TD | B×C+? |
| 4 P3R | P4D | 6 P×B | O-O |

6

As brancas se orientam para uma poderosa formação central.

Graças à errônea troca das negras no quinto lance as brancas possuem um P em 3BD. Êste P fortalece a formação central, dando proteção adicional ao PD. Com seu quarto lance, as brancas destinavam seu PR ao apoio do PD, porém, agora, êsse PR fica dispensado dessa tarefa, podendo avançar para 4R (16.º lance!). Para efetuar P4R, as brancas necessitam de muitos lances preparatórios, justamente os 8, 9, 11, 12 e 14.

Efetuado P4R com sucesso, as brancas irão dispor de um forte centro de peões que forçará a enfraquecida resistência adversária.

7 P×P	P×P	12 P3B	D2B
8 B3D	P3CD	13 B×B	C×B
9 C2R	B3T	14 D3D	C1C
10 O-O	P4B	15 B2D	C3B
11 C3C	T1R	16 P4R!	....

Situação realmente difícil para as negras; se tomam o PR com o PD, então as brancas jogam PBR × P e abrem a coluna BR para o ataque. As negras conseqüentemente procuram manter o centro. As brancas continuam fortemente com P5R, afastando a última peça que protege o flanco do rei das negras.

16	TD1D	18 P4BR!	C4T
17 P5R!	C2D	19 C5T	P3C

7

O ataque decisivo pode ser desencadeado.

20 P5B!!	P×C	23 B7C+	T×B
21 B6T!	R1T	24 P×T+	R1C
22 P6B	T1CR		

Após 24 ... R×P, as brancas têm a mesma réplica vitoriosa.

25 T×P!!	D3B—*	27 D5B	C3BD
26 TD1BR	D3T	28 T×C	Aband.

Pois se 28 ... T×T; 29 D8B mate.

Partida muito instrutiva. Comparando o diagrama 6 com o 7, verificamos como o poderoso centro de peões brancos deixou as negras sem contra-jôgo.

---

* Obs. — Após 25 ... R×T: 26. D×P, as brancas ameaçam coroar nova D com xeque descoberto e duplo. Com 26 ... T1CR; 27 T1BR+ as brancas ganham fàcilmente.

Na partida seguinte, as brancas ganham, em virtude de as negras terem erroneamente abandonado o centro.

DEFESA ÍNDIA DA DAMA

BRANCAS	NEGRAS	BRANCAS	NEGRAS
1 P4D	C3BR	5 O—O	CD2D
2 C3BR	P3CD	6 CD2D	P4R
3 P3R	B2C	7 P4R	P×P?
4 B3D	P3D	8 C×P	P3C?

As brancas estão em condições de montar poderoso ataque, graças a dois erros do adversário. O sétimo lance que abriu o jôgo e permitiu a instalação do C em boa casa central e o oitavo: o C4D e o B3D em estreita cooperação podem invadir o território das negras restabelecendo ameaças efetivas. *

9 B5C!   P3TD   10 B6B   D1B

8
As brancas realizam agora um magnífico avanço no centro, por causa do êrro das negras no sétimo lance.

11 P5R!!   P×P   13 C×B   B3D
12 D3B!   B×B   14 C4B!   ....

---
* As negras deviam ter jogado 8 ... P3TD para evitar a invasão.

9

As brancas haviam previsto 14... O—O, ganhando a D com 15. C×B, P×C; 16 C7 R+ etc.

| 14 .... | P5C | 16 D3B! | D2C |
| 15 T1R | P3R | 17 C×B+ | P×C |

Como resultado do abandono do centro no sétimo lance, as brancas desorganizaram o jôgo das negras, e agora podem recuperar o P.

| 18 T×P+! | R1B | 20 B4B | TD1BD |
| 19 T7R | R2C | 21 D3CD | .... |

As brancas ameaçam mate.

| 21 .... | P4D | 23 T×P+ | R1C |
| 22 C5R | TD1R | 24 D3C×! | .... |

(Vide Diagrama n.º 10)

As brancas observam que o adversário não pode defender o mate com 24.... C×C, porque perderiam a D. As negras tentam um recurso desesperado mas as brancas respondem de forma brilhante.

10

Novamente as brancas ameaçam mate.

24...	P4CR	27 D7C+	R3R
25 B×P!	T×C	28 B×T	Aband.
26 B×C+ desc.	R×T		

As brancas ameaçam D×T ou T1R com efeito devastador. As negras pagaram elevado preço por seu abandono do centro no sétimo lance.

Nas partidas dêste capítulo, mostramos como as brancas punem o abandono do centro pelo adversário. Através de todo êste livro observaremos como é importante a manutenção do centro.

Capítulo Dois

COMO EXPLORAR UMA MOBILIDADE SUPERIOR

É FATO NOTÓRIO que um melhor desenvolvimento acarreta normalmente maior mobilidade para as peças. Com o lance da abertura, as brancas têm a oportunidade de tomar a dianteira no desenvolvimento e portanto conseguir maior mobilidade. O Capítulo 1 nos mostrou como a mobilidade se relaciona diretamente com a existência de uma poderosa formação central. Maior potência no centro significa maior mobilidade. Na partida que se segue, as brancas ressaltam êste aspecto com muita propriedade.

DEFESA ALEKHINE

BRANCAS	NEGRAS	BRANCAS	NEGRAS
1 P4R	C3BR	3 P4D	P3D
2 P5R	C4D	4 P4BD	C3C

As negras desenvolveram uma peça ao contrário das brancas, porém estas têm acentuada mobilidade, em virtude do seu centro de peões e das diversas avenidas para a movimentação de suas peças! *

---

* A vantagem no desenvolvimento por parte das negras é apenas teórica, pois o C em 3C nada pode realizar.

11

Apesar do desenvolvimento superior das negras, as brancas usufruem de maior mobilidade!

Avançando seu PBR, as brancas imediatamente procuram reforçar seu centro.

5 P4B   P×P   7 B3R   B2C
6 PB×P   P3CR   8 C3BD   P4BD

O avanço do PBD das negras lògicamente é para enfraquecer o centro. (Após 9 P5D, B×P; 10 B×P as negras ficam em situação inferior, pois seu C3CD não tem mobilidade.) Desta forma, pretendem ganhar um P. A tentativa de ganho, porém, revela-se desastrosa, porque as brancas deixam o adversário com posição deveras restrita e passam a explorar de forma magnífica sua superior mobilidade.

9 P5D   D2B?   12 C×PD+   R1B
10 P6D!   P×P   13 C×B!   C×C
11 C5C!   D2R   14 B×P!!   Aband.

Conclusão extraordinária. Se 14 ... D×B; 15 D8D mate. Assim as brancas ganham a D.

O sucesso foi resultado da tentativa fracassada das negras para destruírem o centro, concedendo às brancas o tempo necessário para a exploração da sua mobilidade.

22

12

Embora inferiores em desenvolvimento as brancas têm maior mobilidade.

As partidas dêste capítulo, que se seguem, são mais ortodoxas, pois as brancas, em cada caso, se apresentam com superior mobilidade, melhor desenvolvimento e maior contrôle central.

DEFESA FRANCESA

BRANCAS	NEGRAS	BRANCAS	NEGRAS
1 P4R	P3R	3 C3BD	P×P
2 P4D	P4D	4 C×P	

13

Dominando o centro, as brancas terão no meio-jôgo mobilidade nìtidamente superior.

O 3.º lance das negras concedeu plena liberdade de ação ao adversário no centro.

O C está fortemente centralizado em 4R e seu PD controla uma importante casa: a 5R.

4	C2D	7 O—O	C×C
5 C3BR	CR3B	8 B×C	C3B
6 B3D	B2R	9 B3D	....

O jôgo das brancas, sem dúvida, está mais desenvolto.

| 9 .... | P3CD?* | 11 C6B | D3D |
| 10 C5R! | O—O | 12 D3B! | .... |

Jogada inteligente. As bancas ameaçam ganhar uma T com 13 C×B+.
Se 12 ... B2C?; 13 C×B+ e as brancas ganham a peça. As negras são forçadas a desenvolver seu BD via 2D, onde não terá mobilidade. Nestas condições, a maior mobilidade das brancas ainda mais se acentua.

12	B2D	15 TR1R	TR1R
13 C×B+	D×C	16 D3T!	....
14 B5CR	TD1B		

14

Torna-se irresistível a pressão contra o roque das negras.

A superioridade das brancas em mobilidade lhes permitiu a montagem do ataque que se revela devastador, con-

---

* A posição das negras está amarrada, mas deviam pelo menos lutar com 9... P4B.

tra o R das negras. Se agora 16 ... P3TR; 17 B×P!, P×B; 18 D×PT e as negras estão perdidas, em face de 19 T5R e 20 T5CR+.

Se 16 ... P3C; 17 D4T, R2C; 18 T4R! e a pressão submete as negras após 19 T4BR.

O próximo lance das negras é tácita demonstração de desespêro.

16	D3D	19 T3R	D×P
17 B×C	P×B	20 P3BD!	Aband.
18 D6T!	P4BR		

Se as negras jogam 20 ... D2C ou ... D3D, abandonam a D, após 21 T3C. Por outro lado, as brancas forçam o mate com 21 T3C+ etc.

A esmagadora vantagem em mobilidade provém do 3.º lance, como resultado do jôgo passivo do adversário.

Na partida seguinte, as negras lutam bravamente para se manterem no centro, porém seu desenvolvimento é lento e amarrado, enquanto as brancas jogam com desenvoltura procurando dominar as linhas abertas.

DEFESA FILIDOR

BRANCAS	NEGRAS	BRANCAS	NEGRAS
1 P4R	P4R	5 B4BD	B2R
2 C3BR	P3D	6 O—O	P3B
3 P4D	C3BR	7 P4TD	....
4 C3B	CD2D		

As brancas já colocaram o dedo sôbre o ponto fraco das negras: o desenvolvimento lento, acanhado e restrito. As brancas observam particularmente a ausência de mobilidade dos bispos. O BR bloqueado pelo seu PD e o BD pelo CD.

15

As brancas levam vantagem em virtude do bloqueio dos bispos adversários.

A partir dêste momento, as brancas procuram abrir linhas para suas peças e ao mesmo tempo restringir o jôgo do seu oponente.

7	D2B	12 C4T!	C4T
8 D2R	P3TR	13 C5B	B1B
9 B2T	C1B	14 B3R	P3CR
10 D4B!	C3R	15 TD1D!!	....
11 P×P	P×P		

O lance das brancas poderia parecer um descuido, mas na realidade elas se apressam em ocupar a coluna aberta, desprezando o ataque ao C.

Eis as razões:

— as negras ainda não rocaram e não podem disputar a coluna aberta com uma T;
— estando o R ainda centralizado, as negras não podem esperar ganhar uma peça impunemente.

Assim, se 15 ... P×C; 16 P×P, C1D; 17 C5D!, D4T, 18 C6C!!., P×C; 19 T×C+!, R×T; 20 D×PBR e o R adversário se encontra em perigo no meio do fogo cruzado das peças brancas.

Esta fascinante linha, que merece o mais cuidadoso estudo, ilustra magnìficamente a fôrça da superior mobilidade das brancas.

15	B2D	18 P4B!	P×P
16 C3C	C3B	19 B×PB	D3C+
17 P3T	B2C	20 R1T	C2T

Com a abertura da coluna BR, ainda mais cresceu a mobilidade das brancas. Agora estão em condições de atuar por meio de duas colunas.

16

As brancas agora podem executar brilhante combinação de ganho.

21 T×B!   R×T   22 B3R!!   TD—1BR

Poderiam ter abandonado. Se 22 ... D×B; 23 T×P+, R1D; 24 D×C e o mate é inevitável.

23 T×P+!! abandonam.

Pois se 23 ... T×T; 24 D×C+, R1D; 25. B×D+, P×B; 26 D×T e as negras estão perdidas.

O jôgo das brancas foi bem uma demonstração magnífica de aproveitamento da maior mobilidade. Desde o início, elas tiraram plena vantagem do jôgo restrito das negras, não dando jamais oportunidades a estas para conseguirem maior cooperação entre as peças.

Na partida que se segue, as brancas combinam maior mobilidade com o contrôle do centro, terminando por um ataque no flanco-rei.

GAMBITO DA DAMA

BRANCAS	NEGRAS	BRANCAS	NEGRAS
1 P4D	P4D	3 C3BR	C3BR
2 P4BD	P×P	4 C3B	P3R

As brancas percebem o abandono do centro por parte do adversário após o segundo lance. As negras deviam efetivar ... P4B, o mais cedo possível, para contra-atacá-lo. Em face, porém, do jôgo acanhado do adversário, as brancas dominam de forma avassaladora, prosseguindo com energia.

5 B5C!	B2R	8 B×P	C2D
6 P4R!	P3TR?	9 O—O	O—O
7 B×C	B×B	10 P5R	B2R

17

A formação das brancas é agressiva, enquanto o jôgo das negras é muito pobre.

As brancas colocaram uma cunha nos dispositivos adversários, com o avanço P5R. Com isso impedem particularmente que o C ocupe sua melhor posição em 3BR, para a defesa do flanco-rei. Agora o domínio central e a posição ofensiva das peças negras permitem o desencadeamento de poderoso ataque por parte das brancas.

Observemos como elas se utilizam da sua casa 4R, como trampolim para o transporte de suas peças para o flanco-rei.

Desde o início torna-se evidente o sucesso da operação, pois as negras necessitam de maior espaço para a manobra defensiva.

11 D2R	T1R	14 TR1R	C1B
12 TD1D!	P3BD	15 D4C	P3CD
13 D4R	D2B	16 D5T	B2C

O dispositivo mostra-se muito perigoso para as negras. As brancas carreiam novos reforços para o flanco-rei, enquanto as negras, com sua posição amarrada, não podem responder com igual vigor.

18

Através da casa 4R, as brancas alimentam o ataque

17 T4R!	B5C	20 C5C!	T2R
18 T4C	B×C	21 C4R!	T1D
19 P×B	R1T	22 T3D!	P4BD

Finalmente as negras realizam o lance que deveriam ter executado desde a abertura; agora porém é tarde, porque as brancas estão prontas para o ataque final, tendo manobrado seu C para a estocada mortal. Também a TD está em posição de ataque.

23 C6B!   ....

Como a séria ameaça: 24 D×PT+!!, P×D; 25 T8C mate. A superior mobilidade das brancas determinou a decisão. É lógico que, se as negras experimentarem: 23 ... P×C, então 24 D×PT+ e 25 D7C mate.

23 ...   C3C   24 T3T   Aband.

19

As negras estão privadas de movimentos e não podem defender a posição.

A esmagadora vantagem em mobilidade deixou as negras sem recursos para a defesa. Se 24 ... P×C; 25 D×P+, R1C; 26 D8T mate. Ou se 24 ... P×P; 25. D5C!!, D×B; 26 T×P+!, P×T; 27 D×P mate.

As brancas jamais dariam oportunidade ao adversário, após terem as negras jogado de forma tão passiva no início.

Na partida seguinte, as brancas triunfam após exercerem o domínio central, impedindo que as peças negras entrem em ação. O assalto de peões desenvolveu-se com ímpeto arrasador e efeito lógico.

DEFESA SICILIANA

BRANCAS	NEGRAS	BRANCAS	NEGRAS
1 P4R	P4BD	3 P4D	P×P
2 C3BR	P3D	4 C×P	....

As brancas estão com um C bem centralizado em 4D, e as negras não podem imitar esta manobra. Observe-se ainda que as brancas controlam a importante casa 5D com seu PR. Estas duas vantagens traduzem o contrôle do centro e, em conseqüência, maior mobilidade para as peças brancas.

20

Surgem os primeiros indícios de uma arrasadora vantagem em mobilidade.

4	C3BR	7 B3R	B2R
5 C3BD	C3B	8 O—O	O—O
6 B2R	P3R		

Com vistas à mobilidade das peças, como se apresenta a posição? Os bispos das brancas dispõem de diagonais livres, enquanto os das negras estão bloqueados pelos peões. A fisionomia geral da luta é pouco promissora para o segundo jogador.

Em tais posições as brancas enfrentam um problema: como ampliar a mobilidade de suas peças? Elas resolvem a situação com um avanço geral dos peões no flanco-rei, que conduz ao seguinte:

1. congestionamento máximo da posição adversária;

2. recuo do C inimigo — sua melhor peça defensiva — da casa 3BR;

3. assalto arrasador, contra a rígida posição tolhida das negras.

9	P4B	D2B	12	P5B	D1D
10	P4CR!	P3TD	13	P4TR	C×C
11	P5C	C1R	14	D×C	....

O plano das brancas progride consideràvelmente, como resultado da fraca abertura realizada pelo adversário, que fica sem qualquer possibilidade. (*)

21

A formidável posição das brancas força o adversário a prejudicar sua formação central.

14 ....   P4R?

Sem maior profundidade. A D é expulsa, mas a custo de um permanente enfraquecimento no centro. Êste centro vital agora se converte num "buraco" à completa mercê das brancas.

15	D2D	C2B	17	T2B	B1D
16	B6C!	D2D	18	TD1BR	....

As brancas ameaçam uma ação decisiva com 19 P6B, P3C; 20 P5T. As negras detêm esta manobra, mas as brancas investem por outro caminho.

18	....	P3B	20	P6C!	P3T
19	B4B+	R1T	21	B7B	D3B

Agora é possível decidir com 22 B3R e 23 B×P!, mas as brancas preferem um final mais arrasador.

---

* A continuação ... B2D e ... B3DB é a melhor que resta para as negras.

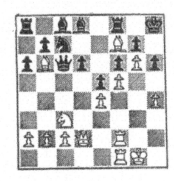

22

Não há defesa para as negras.

22 B×C   B×B   23 T2C!   P4D Desespêro
24 D×PT!! As negras abandonam.

Se 24... P×D; 25 P7C+, R2T; as brancas capturam a T, fazendo C xeque e dando mate, após 25 ... R1T; 26 T8C mate!

As partidas dêste capítulo encerram uma lição de suma importância prática: quando as brancas conseguem a iniciativa através de uma mobilidade superior, podem sempre ampliar tal vantagem, de forma sistemática, até à vitória final.

Primeiramente devem determinar o êrro estratégico cometido pelo adversário. Em seguida, após verificar como êle prejudica a própria posição, será sempre possível encontrar-se inúmeras variantes para aumentar o domínio do tabuleiro. É indispensável persistência, para não permitir ao adversário corrigir sua falta, pois um lance menos adequado pode redundar na sua fuga.

As cinco partidas dêste capítulo nos mostram como manter e aumentar a pressão até o colapso da posição das negras.

Capítulo Três

COMO EXPLORAR
UMA ABERTURA PRECIPITADA DA
POSIÇÃO PELAS NEGRAS

MUITOS COMPÊNDIOS de xadrez falham, porque não consideram o fator humano. É possível que o leitor tenha lido alguns dos parágrafos do capítulo anterior com algum ceticismo. Suponhamos que as negras não se deixem amarrar passivamente; suponhamos que resolvam lutar para modificar a situação. Como deverão as brancas proceder nesse caso?

As posições restritas podem ser classificadas em três tipos. Aquelas em que as negras aceitam passivamente, sem qualquer reação para se libertarem (justamente o assunto tratado no capítulo anterior); as em que as negras procuram abrir linhas (que constituirão a matéria dêste capítulo); e finalmente, posições em que as negras resolvem contra-atacar e que serão objeto de nosso estudo no capítulo quatro.

Principiaremos com uma partida em que as negras anseiam por evitar uma posição constrangida, de tal forma, que se precipitam, abrindo seu jôgo antes do roque. Êste procedimento acarreta a transferência da luta, do campo estratégico para o tático, mudança esta que favorece o primeiro jogador.

DEFESA SICILIANA

BRANCAS	NEGRAS	BRANCAS	NEGRAS
1 P4R	P4BD	4 C×P	C3B
2 C3BR	C3BD	5 C3BD	P3D
3 P4D	P×P	6 B2R	P4R

Êste lance recorda o 14.º da partida anterior (após o diagrama n.º 21). As negras deixam de controlar a importante casa 4D e desta forma as brancas aumentam seu poderio no centro, fazendo prever dificuldades para a movimentação das peças contrárias.

23

As brancas pretendem ajustar suas armas contra as debilidades reveladas com o último lance das negras.

7 C3B	P3TR	9 O—O	B2R
8 B3R	B3R	10 D2D	P4D?

Ansiosas pela liberdade de ação no centro, as negras ousadamente avançam o P, para anular o contrôle adversário sôbre a casa 5D. Estratègicamente um procedimento correto; apresenta, porém, o inconveniente de provocar um insistente ataque das brancas.

35

11 P×P   C×P   12 B5CD!   ....

Cravando o CD, as brancas ameaçam C×P; com isto forçam as negras a fazerem uma concessão após outra.

12 ....   P3B   15 D3D   T1D
13 TD1D   C×B   16 D6C+   R1B
14 D×C   D3C   17 T×T+   B×T

Se 17... C×T??; 18 D8R mate. Se 17... D×T; 18 B×C, P×B; 19 C×P e ganham um P.

24

As brancas operam brilhantes ameaças táticas.

18 C×P!   B2BD

As ameaças das brancas não podem ser neutralizadas satisfatòriamente. Se 18... C×C??; 19 D8R mate. Se 18... P×C; 19 D×B e as brancas devem ganhar.

19 C5D!   Aband.

Magnífico lance. Se 19... D×B; 20 C×B, atacando a D e ameaçando 21 D8R mate. Se 19 ... B3R×C; 20 C7D+, ganhando a D.

Assim, corretamente as brancas exploram a prematura **abertura do jôgo** por parte das negras. Na partida seguinte, as negras apresentam estranha inconstância. Incrìvelmente permitem ser encerradas, para depois, alterando o deficiente raciocínio inicial, lançarem-se em busca da liberdade de ação. As brancas exploram sàbiamente êstes erros.

DEFESA ÍNDIA DO REI

BRANCAS	NEGRAS	BRANCAS	NEGRAS
1 P4D	C3BR	4 P4R	P3D
2 P4BD	P3CR	5 P3CR	O—O
3 C3BD	B2C	6 B2C	CD2D

25

As peças brancas começam a obter mais mobilidade do que as negras.

BRANCAS	NEGRAS	BRANCAS	NEGRAS
7 C3B	P4R	10 B3R	C1CR
8 O—O	P3TR	11 D2B	C3C
9 P3TR	R2T	12 P3C	P4BR?

Insatisfeitas com a fraca objetividade de suas fôrças, as negras rompem violentamente a posição; mas as brancas, *dispondo de mobilidade superior,* reagem com brutal eficácia.

A reação torna-se mais efetiva, em virtude do enfraquecimento dos peões junto ao rei das negras. Como resultado, a tarefa de alcançar o rei negro fica facilitada.

13 PD×P   PB×P   14 C×P   C2D?

Constitui vantagem para as negras o fato de o PR adversário ter ficado detido na grande diagonal; isto, porém, é coisa insignificante, comparando-se com o efeito esmagador do ataque das brancas, contra o debilitado monarca das negras.

15 C4R-5C+!   P×C   16 C×P+   Aband.

Se 16 ... R3T, as brancas ganham a D com 17 C7B xeque duplo ou 17 C6R xeque descoberto. Se ainda 16 ... R1T; 17 D×P, CD3B; 18 P×C, C×P; 19 C7B+, T×C; 20 D×T e as brancas ficam com dois peões e a qualidade. Em face desta significativa vantagem material, as negras abandonam.

26

As brancas ganham decisiva vantagem material, seja qual fôr a resposta das negras.

Nesta partida as brancas se aproveitaram da posição cerrada das negras. A seguir, quando estas procuraram modificar sua situação, as brancas abriram linhas para suas agressivas peças. Na partida seguinte, as negras se apresentam bem, na abertura, mas, abrindo impensadamente o jôgo, expuseram-se a um ataque decisivo. Novamente as brancas aproveitam a oportunidade e ràpidamente passam ao ataque.

DEFESA NIMZOÍNDIA

BRANCAS	NEGRAS	BRANCAS	NEGRAS
1 P4D	C3BR	3 C3BD	B5C
2 P4BD	P3R	4 P3R	....

27

Nesta linha, aparentemente conservadora, as brancas retêm grande fôrça em potencial.

4	O—O	7 C2R	P4R
5 P3TD	B×C+	8 C3C	P3D
6 P×B	T1R	9 B2R	CD2D

Observa-se um contraste nos planos. Como no diagrama n.º 6, as brancas desejam abrir a posição para dar jôgo aos seus bispos; as negras, pelo contrário, lutam pelo fechamento da posição.

10 O—O	P4B	12 PB×P!	C3C
11 P3B	PB×P? *	13 B2C	P×P?

---

* Lance fraco que permite maior ação para o BD das brancas.

28
A D entra em jôgo.

As brancas aguardam a oportunidade para intensificar o jôgo dos seus bispos e procuram tirar proveito dos erros cometidos pelo adversário, nos lances 11 e 13. A posição está completamente aberta para o jôgo das peças brancas, especialmente para o seu BD. Podemos observar que as brancas já descobriram o caminho certo para explorar as debilidades da posição oponente.

| 14 P4R! | B3R | 16 D×P | D2B |
| 15 T1B | T2R | 17 P5B! | .... |

Como resultado do excelente lance 14, as brancas abriram uma poderosa diagonal para seu BD e centralizaram fortemente sua D na casa 4D.

Nesta altura as brancas têm superioridade no centro e maior mobilidade. Tôda esta vantagem foi conseqüência da abertura precipitada da posição por parte das negras, com seu 11.º lance. Com seu último lance, por sua vez, as brancas aumentaram ainda sua mobilidade e prepararam a ida da T para o flanco-rei, partindo para uma rápida e surpreendente decisão.

| 17 .... | P×P | 19 B1B! | D1C |
| 18 T×P | D5B | 20 T5CR! | CD2D |

As brancas ameaçavam D×C6B (C3BR das negras).

29

As brancas estão prontas para o assalto final.

21 T×P+!!   R×T   22 C5T+   R3C

Ou 22... R1T; 23 C×C, D4R; 24 B2C!, D×D+;
25 B×D, C×C; 26 B×C+ ganhando a T.

23 D3R!   Aband.

As brancas haviam previsto ser indefensável a dupla ameaça 24. D6T mate ou 24. D5C mate. Desta forma obrigaram as negras a pagar pesado tributo pela sua precipitada abertura da posição.

Na partida seguinte, observaremos um caso ainda mais interessante sôbre a exploração dêsse tipo de equívoco. As negras prematuramente abrem a posição, sem terem em vista, pelo menos, alguma compensação. O ataque que esta atitude permite revela-se devastador.

DEFESA FRANCESA

BRANCAS	NEGRAS	BRANCAS	NEGRAS
1 P4R	P3R	5 CD2R	P4BD
2 P4D	P4D	6 P3BD	C3BD
3 C3BD	C3BR	7 P4BR	P3B
4 P5R	CR2D	8 C3B	....

41

A própria natureza da abertura concede maior mobilidade às brancas. Suas peças são mais objetivas e o BD torna-se muito valioso; contudo ainda não podem contar com uma liberdade de ação absoluta; pois as negras exercem pressão sôbre o centro, atacando-o com seus peões PBR e PBD. Seria aconselhável, ainda, intensificar a pressão por intermédio de 8... D3C. Mantendo o centro sob observação as negras distrairiam o adversário de seus verdadeiros objetivos de ataque.

30

As brancas estão mais aliviadas, pois as negras privam-se de seu único contrajôgo.

8	PBD×P ?	12 B3R	C3C
9 PB×P	B5C+	13 B3D	C5B
10 C3B	P×P?	14 B×C	P×B
11 PB×P	O—O	15 O—O	C2R

É indiscutível a superioridade das brancas em desenvolvimento e mobilidade. As negras estão limitadas a um papel passivo.

| 16 D2R | B×C | 18 C5C! | B2D |
| 17 P×B | D2B | 19 D5T | P3TR |

Sùbitamente o ataque das brancas torna-se poderoso. As negras com seu último lance parecem ter encontrado a resposta certa, mas as brancas têm uma réplica surpreendente.

20 T7B!!

Aparentemente um lance perdedor em face de 20 ... B1R. Mas as brancas dispõem de um excelente recurso contra 20... B1R: simplesmente 21... T×P+!!, R×T; 22 C×P+, R1C; 23 D4C+ seguido de 24 C×D com larga vantagem material.

| 20 .... | D1D | 21 TD1BR | C4B |

31

As brancas dispõem de uma brilhante conclusão.

As negras jogaram para bloquear a coluna aberta do BR, mas as brancas não se impressionam, pois sua concentração de fôrças no lado do rei é tão poderosa que permite a execução de sacrifícios espetaculares.

22 T1BC×!	P×T	27 D6T+	R2B
23 T×P+!	R×T	28 B×D	TD×B
24 C6R+!	B×C	29 D6B+	R1C
25 B×P+	R2T	30 D×B+	R2C
26 B5C+desc.	R2C	31 D7R+	Aband.

As brancas avançarão seu P central, completando uma rápida vitória com a sua transformação em dama.

43

Desta forma as brancas exploram magnìficamente a abertura da coluna BR, resultado de uma ação prematura das negras.

Aliás, em tôdas as partidas dêste capítulo, as negras se precipitaram em abrir o jôgo, permitindo ao adversário o desenvolvimento de ataques irresistíveis.

Êste tipo de êrro é comum sôbre o tabuleiro; em conseqüência, os métodos utilizados pelas brancas são de grande utilidade prática. Reputando tais ações prematuras, as brancas retêm com sucesso a iniciativa.

Capítulo Quatro

COMO EXPLORAR UM CONTRA-ATAQUE
PREMATURO DAS NEGRAS

No CAPÍTULO precedente estudamos como as brancas poderiam explorar com sucesso as aberturas precipitadas da posição por parte das negras. Normalmente, as brancas se encontram em melhores condições quanto ao desenvolvimento, e assim é natural que melhor possam explorar a abertura do jôgo no início de uma partida.

Os contra-ataques prematuros apresentam um problema mais agudo. Nesses casos, as negras não sòmente abrem suas linhas — mas também *atacam*. Se a reação das brancas à abertura antecipada fôr descuidada, podem muito bem perder a iniciativa. Se houver descuido na reação ao contra-ataque, *podem perder a partida*.

As partidas que se seguem nos mostram como as brancas devem reagir a êsses tipos de contra-ataque.

GAMBITO EVANS RECUSADO

BRANCAS	NEGRAS	BRANCAS	NEGRAS
1 P4R	P4R	5 P4TD	P3TD
2 C3BR	C3BD	6 P5T	B2T
3 B4B	B4B	7 P5C	P×P
4 P4CD	B3C	8 B×PC	C3B

É excelente o desenvolvimento das negras, que inclusive podem rocar em segurança. *"Isto elas não farão!"* raciocinam as brancas e jogam de forma complicada com diversas possibilidades, procurando confundi-las.

         9 B3T!?   ....

Êste lance astuto leva as negras ao desencadeamento de um contra-ataque que se apresenta promissor por encerrar poderosa ameaça.

Jogando... C×PR, as negras ameaçam obter um decisivo ganho de material com ... C×PB. Mas as brancas não se preocupam, pois, raciocinando mais à frente, preparam adequado contra-ataque. (As negras deveriam jogar 9... P3D, evitando maiores complicações.)

9 ....   C×PR?   11 C×P!   C5D
10 D2R!   C×PB   12 C×PD +   desc!!

Êste lance parece incompreensível à primeira vista. Poderia mesmo acarretar o desespêro, por permitir a quádrupla ameaça ... C×D, C×T, C×B ou C×P+ (observe-se que 12 D×C?? — em lugar do lance efetuado — nada realizaria, devido a 12... C×P+, ganhando a D branca).

32

As brancas abandonam sua dama... e ganham!

| 12 .... | C×D | 13 C6B | mate! |

As brancas tinham que ter excepcionais recursos para dar a devida refutação ao ameaçador contra-ataque das negras.

Tais ações prematuras são favoritas dos jogadores audaciosos e agressivos que conhecem a fôrça dos blefes, no xadrez.

GAMBITO DA DAMA

BRANCAS	NEGRAS	BRANCAS	NEGRAS
1 P4D	P4D	4 P3R	P×P
2 P4BD	P×P	5 P×P	B5C?
3 C3BR	P4BD	6 B×P	....

Ameaçando 7 B×P+, R×B; 8 C5R+, obtendo um P e posição ganhadora.

Nesta variante, podemos verificar que as brancas percebem que a prematura saída do B foi um lance fraco. Mas as negras estão determinadas a contra-atacar e elas assim devem jogar com firmeza para não perderem a iniciativa.

| 6 .... | P3R | 8 C5R | D×P!? |
| 7 D4T+! | C3BD | 9 C×C | D5R+ |

Único lance, pois não é possível 9 ... P×C?

| 10 B3R | P×C |

Forçado, pois se 10... D×C??, as brancas cravam e ganham a dama, com 11 B5CD.

| 11 C3B! | D×P | 12 B5D!! | .... |

Sermão completo em um único lance. As brancas forçam a separação da D negra do seu R. O efeito dêste brilhante lance de bispo é a dissolução graciosa do prematuro contra-ataque das negras.

47

33

O brilhante 12 B5D!! retém a iniciativa.

12	PR×B	15 D7C+	R3R
13 D×PB+	R1D	16 D6B+	B3D
14 D×T+	R2D	17 B4B!!	Aband.

Final espetacular. Após 17... D×T+; 18 R2D, D×T; 19 D×B+ as brancas dão mate em dois lances.

As brancas desapiedadamente puniram o prematuro contra-ataque adversário que acarretou o afastamento da D do jôgo.

Na partida seguinte, quando as negras cometem o mesmo êrro, as brancas castigam-nas de forma ainda mais violenta.

PARTIDA VIENENSE

BRANCAS	NEGRAS	BRANCAS	NEGRAS
1 P4R	P4R	3 B4B	B4B
2 C3BD	C3BD	4 D4C?!	....

Em princípio deve estar errada esta saída prematura da dama. Sem dúvida a melhor réplica das negras seria 4 ... R1B, protegendo seu PCR e ameaçando ganhar uma peça com ... P4D. Perderiam o roque, é verdade, mas ganhariam tempo com sua ameaça de ataque.

4 .... D3B?

Defendendo e atacando ao mesmo tempo, as negras equivocam-se com a falsa economia dêste seu lance, que permite às brancas uma engenhosa resposta.

5 C5D!!   D×P+   6 R1D   R1B

O forte lance de C deixou as negras sem melhor lance contra a dupla ameaça 7 C×P+ ou 7 D×PC. Assim as negras agora devem mover seu R. As brancas reservam outras ameaças formidáveis.

7 C3T   D5D   8 P3D   B3C

As brancas ameaçavam capturar a D negra com 9 P3B!! Exploram o prematuro contra-ataque das negras para aprisionarem a D, que agora não pode auxiliar seu R. Isto, porém, não é tudo: as brancas podem continuar operando através da coluna BR aberta, graças ao antecipado contra-ataque de D das negras. Isto enseja às brancas ganharem mediante um incisivo e espetacular ataque.

9 T1B!   C3B

A ameaça era 10 C×B, PT×C; 11 T×P+, e as negras devem abandonar.

34

As brancas estão prontas para iniciar brilhante ataque.

10 T×C!   P3D

O sacrifício da qualidade se apóia na idéia de que, se
10 ... P×T; 11 B6TR+, R1R; 12 D7C e a TR não
pode escapar. As negras tentam outro caminho, mas a refutação é sensacional:

| 11 D×P+!!! | R×D | 13 T6C+!! | PT×T |
| 12 B6TR+ | R1C | 14 C6B mate! | |

Refutação tão convincente é difícil de ser encontrada
na prática. O exemplo que se segue é muito mais difícil
para as brancas porque o contra-ataque parece encerrar
uma idéia razoável. Contudo as brancas verificam que o
contra-jôgo das negras é improdutivo e prosseguem de
forma ousada.

GAMBITO DA DAMA

BRANCAS	NEGRAS	BRANCAS	NEGRAS
1 P4D	P4D	4 P3R	P4B
2 P4BD	P×P	5 B×P	P×P
3 C3BR	C3BR	6 P×P	D2B?

Esta jogada prematura da D, decisivamente não pode
constituir um bom lance, pois as brancas dispõem de muitos caminhos para defender seu B atacado. Deliberadamente escolhem aquêle que provocará um ataque, sem
base, das negras.

7 D3C!   B3R??

Exatamente o lance que as brancas desejavam provocar. As negras supunham que as brancas não poderiam
capturar o B, devido à réplica ... D×B+, ganhando,
no mínimo, uma peça.

35

As brancas prepararam desagradável surprêsa.

8 B×B!!	D×B+	11 D×P	D8B
9 R2R	D×T	12 D×T!	D×P+
10 B×P+	R1D	13 CD2D	C5R

Agora a profundidade do plano das brancas se revela. O último lance das negras traduz uma declaração tácita de derrota em seu contra-ataque. Em resposta a 13... D×T, seguir-se-ia 14 D×C+, R2D; 15 C5R mate. Também não resolve o lance do texto.

| 14 D×C4R | D×T | 16 D5B+ | R1D |
| 15 D5D+ | R2B | 17 B6R | Aband. |

Pois se 17... C2D; então, 18 D6B, C3C; 19 C5R, seguido de C7B mate.

Destas partidas concluímos que o prematuro contra-ataque das negras comumente se materializa pela saída precipitada da D. Isto sucedendo, as brancas geralmente determinam seu afastamento do centro da luta. Se a manobra exige substancial oferta de material, não vacile e prossiga da mesma forma.

Capítulo Cinco

COMO EXPLORAR
DEBILIDADES RESULTANTES DE LANCES
FRACOS DE PEÃO, POR PARTE DAS NEGRAS

TRATA-SE DE MATÉRIA muito útil que lhe poderá facilitar a conquista de vitórias, isto porque: quando seu oponente debilita a posição com lances fracos de peão, òbviamente não sabe que tais lances são fracos; pois se o soubesse, naturalmente não os realizaria.

Conclui-se daí que, se as negras enfraquecem sua posição, deixam naturalmente "buracos" que permitem lances fortes para a exploração dessas fraquezas. As partidas que se seguem traduzem conhecimentos indispensáveis para a exploração positiva dos lances de enfraquecimento de peões.

DEFESA FRANCESA

BRANCAS	NEGRAS	BRANCAS	NEGRAS
1 P4R	P3R	5 C4R	P4BR?
2 P4D	P4D	6 C5C!	B2R
3 C3BD	C3BR	7 C5C—3B	P3B
4 P×P	C×P	8 C5R	....

O enfraquecimento motivado pelo avanço de peão, no lance número 5, arruína a posição das negras, pois deixou um P atrasado na coluna R, que não pode ser defendido por peões.

As brancas exploram a debilidade colocando sua D ou T — ou ambas as peças — na coluna R. Igualmente desastroso para as negras é o fato de ter o seu 5.º lance deixado um "buraco" em 4R — casa que elas não poderão mais proteger com lances de peão. Isto torna possível a ocupação do "buraco" pelo adversário com um C. Colocando um C numa casa vital no centro, as brancas sem dúvida realizam um dos mais fortes lances possíveis sôbre o tabuleiro.

Na primeira parte da partida, as brancas foram bem sucedidas, pois trouxeram um C para a importante casa. A segunda parte nos mostrará os efeitos agressivos dêste C bem situado.

36

As brancas controlam o centro, como resultado do débil 5.º lance das negras.

```
8  ....      O—O      11 O—O      T1R
9  C1C—3B   P3CD     12 P4B      C3B
10 B3D      B2C      13 B4B      CD2D
```

Com seus 9.º e 13.º lances, as brancas aumentaram seu poderoso contrôle central. Seu próximo lance também tem essa finalidade — aliás muito importante, como veremos.

```
14 D2R               P4B
```

53

37

As brancas agora realizam um dos mais surpreendentes lances possíveis sôbre o tabuleiro.

15 C7B!!! ....

As negras não têm escolha face a êste assombroso lance. Se retiram a D de sob o ataque, jogando 15 D1B, as brancas respondem 16 D×P, capturando o PR (justamente o enfraquecido pelo débil 5.º lance). Após esta captura, as brancas ameaçam um mortal xeque-duplo. Se as negras tentam 16 ... R1B; 17 C7B — 5C é decisivo.

15 ....   R×C   16 D×P+!!!

38

As brancas capturaram o fraco PR de forma espetacular.

O fraco lance das negras leva agora a êste desmoronamento. Se 16 ... R×D; 17 C5C mate! Uma possibilidade viva que ilustra o poderoso contrôle do centro por parte das brancas. É inútil recusar a D, jogando a 16 ...

R1B, devido a 17 C5C com esmagador efeito. As negras experimentam outra linha de jôgo, mas as brancas forçam o mate em dois lances.

16 .... R3C   17 P4CR!   B5R
          18 C4T mate

A forma, pela qual as brancas exploram a situação débil do P negro, é deveras instrutiva. Na partida seguinte, as brancas realizam igualmente uma boa tarefa, explorando uma fraqueza de P, criada pelas negras.

DEFESA FRANCESA

BRANCAS	NEGRAS	BRANCAS	NEGRAS
1 P4R	P3R	5 C3B	B3D
2 P4D	P4D	6 B3D	O—O
3 C3BR	C3BR	7 O—O	C3B
4 PxP	PxP	8 B5CR	....

Cravando o CB, as brancas ameaçam C×P.

39

As brancas criaram um sério problema para o adversário: com defender seu PD?

8 ....   C2R??*   10 C4TR!   R2C
9 BxC   P×B   11 D5T!   ....

---

* A melhor forma para contornar a ameaça é 8 ... B5CR, contra-atacando o PD branco.

O êrro no 8.º lance originou uma brecha na conformação de peões do flanco-rei. As brancas naturalmente assestam suas armas para a brecha aberta no roque adversário. É claro que exploram hàbilmente as oportunidades oferecidas. Assim, colocaram seus C e D em posições agressivas. De agora em diante, as brancas reúnem cada vez mais peças, no flanco-rei, organizando enorme concentração contra o monarca adversário.

11	T1T	14 TD1BR	D2B
12 P4B	P3B	15 C2R!	B2D
13 T3B	C3C	16 C3C	TD1CR

40

A concentração de fôrças brancas no lado do rei é tão forte que chega a permitir o sacrifício da D.

Para bem apreciar a brilhante combinação das brancas é preciso ter em mente que ela se baseia no *enfraquecimento da posição dos peões das negras*.

17 D6T+!!!	R×D	20 P4C+!	R×P
18 C4T-5B+	B×C	21 T3C+	R4T
19 C×B+	R4T	22 B2R mate	

Nesta contundente combinação, é digna de nota a maestria com que as brancas exploram a brecha no roque adversário.

Na partida que se segue, as brancas revelam igual habilidade ao explorarem idêntica fraqueza no flanco-rei das negras.

GAMBITO DA DAMA RECUSADO

BRANCAS	NEGRAS	BRANCAS	NEGRAS
1 P4D	P4D	7 T1B	P3B
2 P4BD	P3R	8 B3D	P×P
3 C3BD	C3BR	9 B×PB	C4D
4 B5C	B2R	10 B×B	D×B
5 P3R	CD2D	11 O—O	C×C
6 C3B	O—O	12 T×C	P4R

Iniciando com uma posição tolhida — idêntica às estudadas no Capítulo 2 — as negras muito lutaram pela sua libertação.

41

As brancas devem lutar àrduamente pela manutenção da iniciativa.

As brancas devem jogar com muito cuidado para não deixarem escapar a iniciativa.

| 13 C×P | C×C | 15 P4B | D2R?* |
| 14 P×C | DxP | 16 P5B | P4CD |

ᵉ Deviam ter jogado 15 ... D3B.

57

O último lance das brancas, avanço do PBR, irá romper o dispositivo de peões do flanco-rei das negras. Dêste modo, transformam em sério engano o 16.º lance do adversário.

17 B3C   P5C   18 P6B!   ....

42

As brancas rompem o flanco-rei do adversário.

As brancas tocaram exatamente no ponto débil, originário do fraco 15.º lance das regras. O avanço PBR abre uma perigosa brecha no flanco-rei. A partir dêste ponto, as brancas passam a pressionar progressivamente o R adversário.

Observe-se que essa manobra é clássica. Primeiro, ausculta a fraqueza; segundo, orienta as fôrças para concentrá-las sôbre o ponto fraco; terceiro, emprega superioridade de meios para esmagar a enfraquecida resistência adversária.

18	P×P	22 D2D	R1T
19 TD×P	D×P+	23 B×P	TD1B
20 R1T	B2C	24 T6B—2B	TD1D
21 TD×P	D5R	25 D5C!	T3D

Hàbilmente as brancas concentram suas peças para assediar o R contrário. Seu lance anterior ameaçava 26 D6B mate.

58

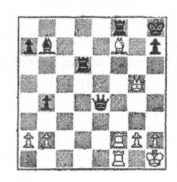

43

Magnífica disposição das peças brancas para o ataque final.

26 B5D!!   Abandonam.

Lance final brilhante. As brancas oferecem seu B e atacam 3 peças. As negras não se podem resguardar da ameaça às suas T e D ao mesmo tempo e assim devem abandonar.

Possibilidade interessante seria 26 ... T×T, de forma que, se 27 T×T???, D8R+ e depois mate. Contudo, para 26 ... T×T, as brancas dispunham de 27 D8C mate.

Na partida que se segue, as negras enfraquecem suas casas brancas. A exploração pelas brancas é uma notável demonstração de manobra posicional.

RUY LOPEZ

BRANCAS	NEGRAS	BRANCAS	NEGRAS
1 P4R	P4R	7 B3C	P3D
2 C3BR	C3BD	8 P3B	O—O
3 B5C	P3TD	9 P3D	B3R
4 B4T	C3B	10 CD2D	C4TR
5 O—O	B2R	11 P4D!	B×B
6 T1R	P4CD	12 P×B	....

O jôgo das negras está um pouco amarrado, porém não apresenta debilidades. Como na partida anterior, as brancas devem proceder com cuidado para preservar a iniciativa, aproveitando as oportunidades.

12	C5B	15 P5D!	C1D
13 C1B	D1B?	16 B×C!	P×B
14 C3C	P3C	17 C2R	P4C

Um simples olhar ao diagrama 44 nos indica que o 16.º movimento das brancas foi um lance magistral.

44

As brancas têm seu objetivo estratégico perfeitamente definido: as negras estão muito fracas em suas casas brancas.

As negras cometeram sério equívoco, permitindo a troca de seu C. As brancas avaliaram com maestria as conseqüências da troca, que a seguir forçaria 17 ... P4C.

Agora observa-se que as brancas deixaram o adversário com uma série de casas brancas que não mais poderão ser defendidas por peões. Êste êxito é particularmente notável porque permite o contrôle e ocupação a seguir, da casa 5R.

A interpolação do lance 15 P5D foi outra notável jogada que forçou a retirada do C negro para a casa 1 D, onde estará pèssimamente situado, fora de jôgo. Isto irá onerar o jôgo das negras na fase seguinte.

Como aprendemos na partida anterior, o caminho a seguir pelas brancas é *concentrar forças para o ataque.* Seus 3 próximos lances são destinados a levar o C para posição agressiva e irremovível.

18 C3B—4D	T1R	19 C5B	B1B
	20 C2R—4D		

45

Os poderosos cavalos brancos não podem ser expulsos.

Estabelecidos firmemente os cavalos, o próximo lance das brancas será a abertura da coluna TR, aumentando grandemente o potencial de ataque da posição.

20	P3BR	22 PT×P	P4B
21 P3C!	P×P	23 C3B	C2B

As brancas retraíram deliberadamente seu C porque pretendem usá-lo em seu ataque no flanco-rei. Dentro de seu plano de exercer pressão, o próximo estágio das brancas tem em vista o ataque pela coluna semi-aberta da TR.

24 C2T!	T2T	28 C×PD!	T1D
25 D5T	B2C	29 C×C	P×C
26 C4C	D2D	30 C5B	B3B
27 R2C	C4R	31 T1T	T1BR

46

As brancas estão prontas para atacar.

As brancas procedem ao reagrupamento final das peças. A ameaça imediata é 33 T×PTD!, T+T; 34 C6T+, ganhando a D.

32	R1T	35 TD1T	T1B—2B
33 T6T	P4T	36 D5B	D1BR
34 C3R!	D1R	37 C4C	B1D

As brancas anunciam mate em 3 lances: 38 T×P+, R1C; 39 D6C+ e 40 T8T mate.

A forma como as brancas penetraram na coluna TR, partindo da posição do diagrama 46, é muito instrutiva. Retornando à primeira parte da partida, podemos apreciar a importância da abertura da coluna R com 21 P3C! Verificamos ainda como foi útil forçar o enfraquecimento das casas brancas por intermédio de 16 B×C!

Esta partida é particularmente valiosa por causa da forma como as brancas exploraram as debilidades criadas na posição contrária. Diferindo da maioria das partidas dêste manual, não apresenta algo de brilhante. Assim, quando puderam comandar a situação, ampliaram sua vantagem ao máximo.

Neste capítulo, estudamos suficientemente como as brancas devem proceder para explorar as debilidades constatadas no flanco-rei das negras ou nas suas vizinhanças. Mas as debilidades do flanco-dama, distantes do próprio R, podem igualmente ser desastrosas. Vejamos um exemplo:

GAMBITO DA DAMA RECUSADO

BRANCAS	NEGRAS	BRANCAS	NEGRAS
1 P4D	P4D	5 B5C	CD2D
2 P4BD	P3R	6 P3R	O—O
3 C3BD	C3BR	7 T1B	P3CD
4 C3B	B2R		

47

É marcante a vantagem posicional das brancas, devido ao "buraco" em 3BD das negras que não mais pode ser defendido por peão.

As brancas se preparam para explorar a debilidade em 3BD das negras. Eis o plano:

— *jogar P×P para abrir a coluna BD e permitir à sua TD exercer pressão sôbre o ponto nevrálgico (mais tarde poderemos apreciar todo o valor dêste lance);*
— *em seguida, trocar os bispos das casas brancas, para retirar uma peça que poderia proteger a casa fraca.*

8 P×P!	P×P	11 B×D	P3B
9 D4T!	B2C	12 O—O	C5R
10 B6TD	B×B	13 B×B	D×B

As brancas desenvolvem seu plano. A débil casa 3BD das negras foi ocupada por um fraco PBD e as brancas voltam sua atenção para êle.

48

As brancas estão em condições de apreender o peão.

14 D7C!	TR1B	15 C×P!	D3D

Após 15 ... P×C; 16 T×T+, as brancas têm a qualidade e um P, com final fàcilmente ganho.

16 T×P!!	Abandonam.

O último lance das brancas foi genial e ganha mais material. Se 16 ... D×C?; 17 T×T+ ganha a D.

E se 16 ... T×T; 17 D×TD+, C1B; 18 D×T!!, D×D; 19 C7R+ seguindo de 20 C×D, deixa as brancas com uma T a mais.

Finalmente, se 16 ... D×T?; 17 C7R+, ganha a D.

As brancas desenvolveram suas idéias estratégicas nesta partida com lances de ataque. Na partida final dêste Capítulo, elas operam obedecendo métodos estritamente estratégicos, embora menos espetaculares; essa política é igualmente eficaz.

GAMBITO DA DAMA RECUSADO

BRANCAS	NEGRAS	BRANCAS	NEGRAS
1 P4D	P4D	4 C3B	B2R
2 P4BD	P3R	5 B5C	O—O
3 C3BD	C3BR	6 D2B	CD2D

Mesmo neste princípio da luta, as brancas já revelam correta noção do seu futuro curso. O BD das negras está pèssimamente encerrado. As brancas devem observá-lo atentamente, tentando mantê-lo assim, indefinidamente.

7 T1D	P3B	12 B×P	P4CD
8 P3R	P3TR	13 B2T	D3C
9 B4T	P3T	14 O—O	B2C
10 P3TD	T1R	15 C5R!	TD1D?
11 B3C	P×P	16 P4C!!	....

As brancas exploram a falha das negras cometida no 15.º lance. (*)

49

As brancas agora têm vantagem posicional decisiva.

Com seu último lance, as brancas selaram a sorte do adversário. Prevenindo... P4B, *elas mantêm a coluna*

---
* As negras deveriam libertar o BD com ... P4B.

aberta. Em tôda a intrincada manobra que se segue, jámais perdem de vista o P e finalmente reúnem meios suficientes para o tomar.

Mas usufruem ainda de outra vantagem após 16 P4C!!, mantendo encerrado o BD das negras. Em outras palavras, as negras jogam com uma peça a menos.

16	P4TD	19 C5B	C1B
17 C3D!	P×P	20 B1C	B1B
18 P×P	T1T	21 P3T	C4D

Após fixarem a debilidade, as brancas iniciam a segunda fase: concentrar fôrças sôbre o ponto débil. Começam por uma belíssima manobra de C, visando transferi-lo de 3BD para 5TD. Dêste ponto o C atuará sôbre o enfraquecido PBD.

22 C2T!	T2T	25 C1B-3C	C3B
23 P4R	C3B	26 C5T	C4T
24 C1B	C3B-2D	27 B2TR	P3C

Os CC brancos magnìficamente postados. Os quatro próximos lances conduzirão à captura do P fraco.

28 D3B!	B3B	30 B4R!	T2B
29 P5R!	B2R	31 D3B!	....

50

As brancas devem agora ganhar o PBD.

31	B2D	34 P5D!	C1C
32 C×B	C×C	35 P×P	C×C
33 C×P	B1B	36 B×C	T×P *

Colimado o objetivo, as brancas seguem explorando sua maior mobilidade.

37 B5D!	C2C	43 T1T	D1B
38 B×T	C×B	44 T8T	D8B+
39 T6D!	B×T	45 R2T	P3B
40 P×B	T2D	46 D×P	C2C
41 T1D	R2T	47 D8B	P4C
42 B5R	D3T	48 B×C!	Aband.

Após 48... T×B, as brancas dão mate com 49 D5B+, T3C; 50 T7T+, R1T; 51 D8B+! etc. ...

As partidas dêste capítulo nos deram clara idéia e detalhado método sôbre o procedimento para explorar tais tipos de debilidade. Quanto mais cedo as brancas determinarem tais debilidades, melhor o será. Mesmo no primeiro estágio da luta, servem para indicar o objetivo e fornecem elementos para a elaboração de um completo plano de jôgo. Estabelecido o alvo, as brancas não devem hesitar ou procurar adivinhar; concentrar peças sôbre êle constitui o mais lógico e mais forte caminho a seguir.

---

* Se as negras tomam o B, a réplica 37 P×P+ é decisiva.

Capítulo Seis

COMO EXPLORAR
ERROS DE JULGAMENTO POR
PARTE DAS NEGRAS

Como lances fracos, erros de julgamento criam objetivos de ataque para nossas peças. Erros de julgamento por parte das negras concedem às brancas um plano de ataque já organizado.

É preciso manter-se sempre alerta para evitar que semelhantes lapsos passem despercebidos, permitindo ao adversário escapar ileso. Nas partidas que iremos acompanhar, as brancas, sempre alertas, puderam explorá-los tão cedo se apresentaram e usufruíram de tôdas as suas vantagens.

Na primeira partida, as negras executam um lance plausível que arruína a sua possibilidade de completar seu desenvolvimento normal. O método adotado é simples e eficaz.

PARTIDA DOS 4 CAVALOS

BRANCAS	NEGRAS	BRANCAS	NEGRAS
1 P4R	P4R	4 B5C	B5C
2 C3BR	C3BD	5 O—O	O—O
3 C3B	C3B	6 B×C	....

68

51

As brancas estão prontas para a grande oportunidade assim que as negras cometam seu êrro de julgamento.

6....   PC×B?

Capturando com seu PD, as negras abririam uma linha para o desenvolvimento do seu BD. O lance do texto, ao contrário, dificulta êsse desenvolvimento. As brancas vêem nisso a sua esperada oportunidade. — *explorar a sua vantagem em desenvolvimento, prestes a se concretizar, em virtude da imobilidade do BD adversário.*

7 C×P   T1R   9 P×B   C×P
8 P4D   B×C   10 T1R!   ....

Muito forte, provoca grandes dificuldades para o adversário. Se 10 ... C3B; 11 B5C permite às brancas uma incômoda cravação. Se 10 ... C×PBD; 11 D3B e as brancas atacam o C, ameaçando D×PBR+.

10....   C3D

O PD permanecerá imobilizado e assim difícil será para as negras conseguirem desenvolver seu B. Deve-se somar ainda o lance de T. Pràticamente ruíram as perspectivas de um desenvolvimento normal para as negras. Na parte que se segue, as brancas passam a exercer forte pressão no flanco-rei, que não dispõe de grande proteção.

          11 D4C!   D3B

Se 11... P3B; 12 B6T, P3C; 13 C×PC! e as brancas ganham.

          12 B3T   T1D   13 T3R!   ....

Enquanto as negras se desesperam para liberarem suas peças, as brancas aumentam sua pressão no lado do rei. Observe-se a inutilidade do B das negras.

13 ....   C4B   15 D5T   P3C
14 T3B   P4D   16 C4C!   D1T

Estranho lance, mas as brancas, mercê de sua concentração de peças, estão sempre em condições de assumir o contrôle da situação.

52

É decisiva a superioridade das brancas em desenvolvimento.

     17 D5C   B3R   18 T×C!   Aband.

Se 18 ... B×T; 19 C6T+, R2C; 20 C×B+, R1C; 21 B7R ameaçando ganhar a D com 22 B6B ou a T com B×T.

As brancas orientaram perfeitamente seu jôgo para explorar o êrro de julgamento do adversário, registrado no 6.º lance. Aumentando gradativamente a pressão no flanco-rei, elas acentuam as deficiências do retardado desenvolvimento das negras.

Na partida seguinte, as brancas exploram outro êrro de julgamento razoável, as negras prejudicam a seguir a posição de sua mais eficiente peça. As brancas devem sempre pensar, perguntando-se (ìntimamente): onde está o êrro de julgamento das negras? Como explorá-lo?

PARTIDA VIENENSE

BRANCAS	NEGRAS	BRANCAS	NEGRAS
1 P4R	P4R	3 P4B	P4D
2 C3BD	C3BR	4 PB×P	C×P

53

As brancas terão que se haver com um poderoso cavalo centralizado.

As brancas enfrentam difícil problema: como agir contra o forte C das negras excelentemente centralizado? A simples troca não é suficientemente agressiva, assim resolvem dar tempo ao tempo...

5 C3B	B5CD	8 D3R	C3BD
6 D2R	B×C	9 B3D	P4B
7 PC×B	O—O	10 O—O	P5B

Lance crítico que enfraquece o apoio ao excelente C.

11 D2R	C4C?

Sem dúvida o êrro pelo qual as brancas esperavam.* O C abandona seu poderoso pôsto e ao mesmo tempo as negras, avançando demasiadamente seu PBR, criam debilidades.

12 B3T!	C×C+	13 D×C!	T2B

As brancas jogam com tática perfeita. Em resposta a 13 ... C×P, continuam com 14 D5T, atacando o C, ameaçando B×P+ e mate, e ainda mantendo a T negra sob ataque.

14 TD1R	....

O jôgo vivo das brancas colocou em ação tôdas as suas peças. Seus bispos estão òtimamente situados para o ataque. Assim se 14 ... B3R (contra o ameaçador PR), as brancas continuariam com 15 D5T, P3CR; 16 B×P!, P×B; 17 D×P+ recuperando o B, em ótimas condições.

14....	P4CR

Para apoiar o PB e defender o PTR contra D5T. Mas as brancas dominam o jôgo e decidem a partida em poucos lances.

---

* 11 ... B4B apóia o excelente C.

15 P6R   T2C   16 D5T!   ....

As brancas mantêm uma ameaça brutal: 17 P7R!, C×P; 18 B×C, T×B; 19 D×PC+, R1B; 20 T×P+ R1R; 21 D8C+, R2D; 22 D×PD+, R1R; 23 T8B+!

16 ....   C2R   17 B5BD!   C3B

As negras não podem permitir B4D das brancas.

54

As brancas coroam um ataque de mestre rompendo a posição contrária.

18 P7R!   C×P   19 B×C   Aband.

Se 19... T×B; 20 D×PC+ e as brancas ganham com a combinação que citamos após o 16.º lance.

Esta partida tem significação, devido à linha de jôgo escolhida pelas brancas para a montagem de seu arrasador ataque, após o êrro de julgamento das negras. A remoção do C negro de sua posição central abriu as linhas de que o primeiro jogador carecia para uma completa cooperação entre suas peças.

Na partida seguinte, uma abertura errada por parte das negras deixa-as expostas a ameaças táticas. As brancas manobram com inteligência para explorar a oportunidade oferecida.

73

DEFESA FRANCESA

BRANCAS	NEGRAS	BRANCAS	NEGRAS
1 P4R	P3R	5 P×P	D×P
2 P4D	P4D	6 B×C	B×C+
3 C3BD	C3BR	7 P×B	P×B
4 B5CR	B5C	8 C3B	....

55

As brancas planejam expulsar a dama de sua posição central.

As brancas planejam P3C seguido de B2C, com ameaças contra a D negra, que desejam expulsar da excelente casa que ocupa.

8		P3C	9 P3C	B2C
	10 B2C		D4TR *	

As brancas ameaçavam 11 C4T com efeito decisivo. As negras evitaram a ameaça mas deixaram sua D fora de jôgo, o que é bem explorado pelo adversário.

11 O—O	C2D	14 C4T!	B×B
12 D2R	TD1B	15 C×B	P×P
13 D3R!	P4BD	16 P×P	....

---

* As negras igualam com ... D5R+, que força a troca das damas com 11 D2R etc.

O sacrifício de P foi calculado com exatidão. Após 16 ... T×P; 17 D3T!!, P4T; 18 TD1B, T×T; 19 T×T e as brancas deixam o adversário sem recursos (ameaçariam então T8B mate e as negras não poderiam rocar para fugir ao perigo). Elegendo esta linha de jôgo, as brancas exploram o passivo papel desempenhado pela D negra.

16 ...	O—O	19 P3BR!	D4C
17 D4R	T2B	20 T2B	T1D
18 C4B	D5C	21 P4TR!	D3T

Se 18 ... D×PC+?; 19 T2C prende e ganha a dama.

A brancas agora dão início a uma manobra deveras engenhosa: afastar a D negra e explorar a desarmônica formação das peças negras.

22 P4C!   D×P   23 T2T   D4C

Após 23 ... D6C+; 24 R1T as brancas podem pensar sèriamente em caçar a D adversária.

56

As brancas podem tomar o PTR, porém dispõem de lance ainda mais forte.

24 C×P!!   P×C   25 D×PR+   ....

Agora verificamos como uma combinação de surprêsa das brancas explora a falta de ligação entre as peças negras. Se 25 ... R1B; 26 D6D+, ganha uma T. O mesmo acontece se 25 ... R2C; 26 D7R+. As negras experimentam outra linha de defesa, mas superior mobilidade das brancas ainda prepondera.

25	R1T	28 D×T+	C1B
26 D7R	D1C	29 D×C+	D1C
27 T×P+!	D×T	30 D×P+	Aband.

A ausência de cooperação entre as peças contrárias e a dama foi muito bem explorada pelas brancas. A perda material torna inútil qualquer resistência.

Na partida seguinte, as brancas punem as negras por terem cometido uma leve transposição de lances entre a abertura e o meio-jôgo. É muito instrutivo acompanhar como as brancas executam seu plano.

DEFESA NIMZOÍNDIA

BRANCAS	NEGRAS	BRANCAS	NEGRAS
1 P4D	C3BR	4 P3R	O—O
2 P4BD	P3R	5 P3TD	B×C+
3 C3BD	B5C	6 P×B	P3D

Nesta altura as brancas se defrontam com jôgo idêntico ao que se seguiu ao diagrama n.º 27. As brancas desejam abrir linhas para suas peças — particularmente para os bispos — enquanto as negras preferem manter a posição fechada.

57

As brancas precisam abrir linhas para atacar.

7 B3D	P4B	10 O—O	P3CD
8 C2R	C3B	11 P4B	B3T? *
9 P4R	C1R!	12 P5B!	P4R

As brancas conseguem a posição que almejavam, graças ao descuidado lance n.º 11 do adversário. Elas podem agora abrir uma brecha no flanco-rei das negras e concentrar fôrças para fazer pressão sôbre a posição adversária. Neste sentido exploram a fraca disposição defensiva das peças negas.

58

As brancas podem enfraquecer o flanco-rei adversário com um lance surpreendente.

13 P6B!!

Êste lance admirável rompe o flanco-rei do adversário, qualquer que seja a réplica. Após 13...

---

* Jogando 11 ... P4B! evitariam o terrível ataque que se segue.

PC×P; 14 B6T, as brancas colimam seu objetivo. A situação do flanco-rei das negras assemelha-se ao apresentado no diagrama n.º 40. O R está exposto e as brancas simplesmente prosseguem aumentando a pressão (esta partida segue linha similar).

Se as negras experimentam 13 ... C×PB, as brancas podem jogar 14 B5C, cravando o C que ainda sofre pressão da TR, devido à coluna aberta.

13	R1T	14 P5D	C4T
		15 C3C!	

Agora o C entra fortemente em ação. Pouco importa a perda do P por intermédio de 15 ... B×P; 16 B×B, C×B, pois após 17 P×P+, C×P; 18 B6T o ataque torna-se violento.

15	P×P	17 D5T	B×C
16 C5B	B1B	18 P×B	T1CR

Com mais a TR no ataque, as brancas têm a posição definida. É exatamente o que realizam agora, seguindo métodos já revelados em partidas anteriores. Primeiro, localizar a debilidade; em seguida, concentrar peças sôbre o ponto fraco e, finalmente, atacar com tôdas as fôrças. Neste caso a debilidade se revela no flanco-rei *originada pelo brilhante 13.º lance das brancas.*

19 T3B!	....

Ameaçando mate em 4 lances, após 20 D×PT+!!

19	T2C	21 T3T	C2CR
20 B6T	T1CR	22 D4T!	Aband.

As negras nada podem fazer contra 23 B5C, P4T; 24 D×P+!!, C×D; 25 T×C+, R2C; 26 B6T+ e mate no lance seguinte.

O poder conclusivo do ataque amplamente provou o acêrto do raciocínio das brancas, ao realizarem o surpreendente 13.º lance.

Nesta partida, como nas demais do Capítulo, examinamos as formas para explorar os erros de julgamento por parte das negras. É importante para as brancas manterem-se alertas para vislumbrar o êrro do adversário. Não devem ser dogmáticas, aplicando qualquer método de ataque indispensável para refutar o ataque, e nem hesitar em modificar seus planos no momento crítico.

Assim, nesta partida, as brancas inicialmente pretendiam conseguir boas linhas de ataque para seus bispos; mas após seu 12.º lance, tiveram que rever seus planos para evitar que o B das casas brancas viesse a desempenhar um papel secundário. Duas razões contribuíram para esta atitude. Primeiramente, os lances de peão que fecharam o B (9 P4R e 13 P6B!!) abriram a diagonal para o outro B. Segundo, as negras estavam com algumas peças inativas, tornando sem maior importância o bloqueio do BR.

Esta flexibilidade é indispensável num jogador de xadrez. Reiteradamente se afirma a importância de um plano; infelizmente, poucas vêzes temos oportunidade de ouvir que êle necessita sofrer modificações quando a situação da partida se altera. Em tôdas as partidas dêste Capítulo, as brancas revelaram *acentuada sensibilidade às alterações ocorridas para poderem explorar os erros de julgamento das negras.* O resultado, como vimos, foi um decisivo ataque e rápida vitória.

Capítulo Sete

COMO EXPLORAR
DEFESAS IRREGULARES

JOGANDO COM as brancas, geralmente iniciamos a partida com 1 P4R, por ser o mais natural. A vantagem dêste lance já indicamos no Capítulo 1. Agora, suponhamos que o adversário evite a resposta comum (1 ... P4R) e procure outro lance menos ortodoxo, como, por exemplo: P3CR ou P3CD. A abertura que se concretiza escapa aos padrões familiares que surgem após 1 P4R, P4R.

Procedendo desta forma, as peças negras não estreitam o contato no centro com as do adversário, estabelecendo-se um vazio que permitirá o desenvolvimento de portentosas manobras.

Para um jogador que não tem idéias claras a respeito de seus objetivos iniciais, pode constituir assunto nìtidamente experimental; porém, acima de tudo, há um fator psicológico que deve ser levado em conta: o mêdo. As brancas podem supor que a defesa adotada pelo adversário é boa, devendo, portanto, encerrar virtudes desconhecidas. Tais defesas não ortodoxas são, por êsse motivo, muitas vêzes consideradas "armas secretas"!

Não há exagêro em se afirmar que muitos jogadores se perturbam ante linhas incomuns a ponto de não poderem encontrar seu melhor jôgo. Confundem-se, não sa-

80

bendo como montar sua posição de maneira lógica: ficam sem saber o que fazer e com a visão obliterada pelo receio do pior.

Antes de prosseguirmos no estudo de algumas destas defesas e para mostrarmos como podem ser fàcilmente refutadas, iremos tratar demoradamente das características que devem definir um enxadrista prenhe de recursos. Êle jamais conclui intempestivamente que um lance incomum deva ser bom. Como qualquer outro pode ter suas virtudes ou deficiências. Como qualquer outro lance, deve ser convenientemente analisado em seus méritos objetivos.

Em conseqüência, um enxadrista de recursos não se deve descontrolar ante uma resposta anormal. Deverá procurar encontrar suas fraquezas e tentar planejar seu próprio procedimento para as enfrentar. Nesta altura, o conhecimento e a experiência são fatôres importantes. Quanto maior conhecimento de xadrez tiver, menos o jogador poderá ser surpreendido

Indubitàvelmente tais defesas anormais são linhas inferiores, altamente desvantajosas para as negras. Esta é a exata razão do seu pouco ou nenhum emprêgo. As aberturas clássicas têm a sanção da experiência e o apoio das análises teóricas.

Mas se não apresentam virtudes, por que são utilizadas? Citaremos três motivos. *Primeiro*, revelam ignorância de quem as pratica, que naturalmente desconhece as suas desvantagens. Ou melhor esclarecendo: trata-se de um jogador bisonho. Certamente é uma possibilidade encorajadora e não motivo para deixar inibido o condutor das brancas. *Segundo*, talvez o jogador das negras receie entrar em linhas conhecidas. Por alguma razão não se sinta bem dentro dos padrões normais ou não confie em suas possibilidades. Assim recorre a linhas bizarras para forçar seu oponente a jogar "fora dos livros". É uma hipótese que não deve preocupar, pois significa que o condutor das negras já se encontra em dificuldades, mesmo antes do início da partida. Podemos aguardar confiantes o futuro. *Terceiro*, pode significar que enfrentamos um excelente jogador que, embora sabendo ser fraca a linha escolhida para a defesa, não hesita em aplicá-la. Por quê? Justamente para procurar confundir o condutor das brancas.

Êste será o nosso ponto de partida. Temos clara noção da defesa empregada e de suas fraquezas, sem nenhum motivo portanto para receios.

Controlando o centro

A experiência nos diz que as duas mais fortes aberturas são o duplo avanço do peão rei (P4R) ou do peão dama (P4D); e, de acôrdo com a maioria dos jogadores, as melhores respostas são 1.. P4R e 1 ... P4D, respectivamente.

Em nosso primeiro capítulo indicamos as razões básicas dêste raciocínio. A seguir trataremos mais detalhadamente da importância do centro.

Colocando a D em uma das 4 casas centrais (4R, ou 4D), verificamos que ela pode alcançar qualquer dos flancos do tabuleiro, somando 27 diferentes lances. Se a colocarmos em qualquer outra casa do centro, verificamos que êste total diminui e diminuirá ainda mais, se estiver fora do centro. A experiência repetida com o C dás 8 lances possíveis, enquanto que num dos cantos, apenas 2. E em relação ao B? No centro terá 13 possíveis lances e no canto, apenas 7.

A conclusão é imediata. O centro é a área onde as peças atingem sua máxima fôrça, sua maior mobilidade. Quando a peça deixa o centro, seu poder decresce. Ocupando casa central ou próxima do centro, a peça está em condições de ser movimentada ràpidamente para qualquer lado do tabuleiro.

Como isto afeta o jôgo dos peões? Vimos anteriormente que é sempre desejável ocupar (ou controlar) as casas do centro: 4R, 5R, 4D, 5D — raciocinando de qualquer dos lados (das brancas ou das negras). Se as brancas jogam 1 P4R, controlam — demandam — a casa vital 5D, isto é, se as negras jogam sua D ou qualquer outra peça nessa casa, estará sujeita a ser capturada. Logo, jogando 1 P4R, as brancas impedem o adversário de ocupar, com uma peça, importante casa central. Ou, de acôrdo com o exposto no capítulo em curso, significa menores possibilidades para as peças negras.

De 4R o P também controla a casa BR, que apesar de estar fora do centro, não deixa de ter sua importância. Controlando-a com seu PR, as brancas impedem o adversário de ocupar aquela casa.

Após realizarem 1 P4R, controlando as casas 5D e 5B, as brancas dispõem de uma formidável ameaça estratégica: 2 P4D, controlando um largo centro de peões. Se o seu oponente permitir isto, as brancas adicionalmente dominarão as casas 5R e 5BD. Como conseqüência, as *peças brancas terão livre acesso ao centro, enquanto as negras não o poderão fazer*. Conclusão: as peças brancas terão maior mobilidade do que as negras.

Agora situemo-nos do lado das negras. Que lance deverão realizar tendo em vista melhor compartilhar do centro e assegurar igual possibilidade de movimentos para suas peças? A resposta é evidente: devem imitar o adversário avançando seu PR duas casas, isto é, jogando 1 ... P4R. Assim mantêm a igualdade. Suponhamos, contudo, que as negras negligenciem efetuar 1 ... P4R ou outro lance que permita lutar pelo centro. Chegamos desta forma a uma defesa incomum — que deixa as negras com mau jôgo, em face da dificuldade para disputar o centro — e ainda porque *o jogador que despreza o centro não se desenvolverá efetivamente*. Dadas estas duas desanimadoras conclusões, o jôgo das negras, em seu conjunto,

83

será necessàriamente mau; conseqüentemente, o jogador das brancas não precisa ter muita coragem para enfrentar estas defesas consideradas inferiores; pelo contrário, deve exultar.

Defesas com... P3CR

Nestas linhas, as negras "fianquetam" seu BR; isto é, jogam ... P3CR, seguido de B2C. Como resultado, cedem o centro e ficam com o desenvolvimento prejudicado. Aceitam "a priori" uma atitude defensiva, o que na maioria das vêzes é perigoso. E as brancas? Monopolizam o centro com seus PR e PD e podem escolher, entre diversos seguimentos, o que julgarem melhor. Mantêm a iniciativa e todo o seu jôgo tem um sentido agressivo.

DEFESA FIANQUETO DO BISPO REI

BRANCAS	NEGRAS
1 P4R	P3R

Evidentemente êste lance é passivo em excesso; as negras abandonam o contrôle da casa vital 5D e permitem que o PD contrário progrida livremente.

2 P4D	....

As brancas aceitam o convite e ficam com forte centro de peões, tornando-o impraticável para as peças negras. Observe-se ainda que as brancas abriram caminho para ambos os seus bispos.

2	C2D

Não deixa de ser desenvolvimento, porém muito amarrado e insignificante (o C atuaria sôbre o centro se desenvolvido via 3BD e acrescente-se ainda que, em 2D, o C bloqueia a saída do BD).

3 B4BD ....

As brancas devem estar satisfeitas com seu jôgo. O BR ocupa posição agressiva. Note-se que esta peça aponta diretamente para o PBR. Êste P, ou a casa em que êle se encontra, é freqüentemente o alvo do ataque por parte das brancas. Isto se verifica especialmente quando as brancas usufruem de uma posição agressiva, ao passo que as negras se amontoam sem desenvolvimento.

3.... P3CR

As negras insistem em lances bizarros, em lugar de 3 ... P4R que estabeleceria seu atrasado PR no centro.

4 C3BR ....

Movimentando outra peça, as brancas se apresentam bem mais desenvolvidas do que o adversário suspeita. Realmente, embora ainda na fase da abertura, as brancas já ameaçam levar a efeito tremenda combinação, graças à incapacidade das negras em contestar o centro e desenvolver racionalmente suas peças.

4.... B2C

As negras "fianquetam" seu B como haviam planejado, mas as brancas ganham ràpidamente.

59

As negras têm seu jôgo comprometido.

$$5 \ B \times P +! \qquad \dots$$

Incontinenti as brancas exploram sua superioridade posicional absoluta. Naturalmente as negras não são obrigadas a aceitar o B, e poderiam continuar com 5... R1B; mas então, ficariam com P a menos perderiam o roque. Sua posição se tornaria crítica, seu R ameaçado, seu desenvolvimento atrasado. Em conclusão, as brancas deveriam ganhar em face de sua vantagem material posicional (de ataque).

5 .... R×B 6 C5C+ ....

Êste xeque é decisivo. Contra 6... R1B, as brancas têm 7 C6R+, ganhando a D (resultado da má colocação do C em 2D, impedindo a saída do BD). Se 6... R1R, segue-se 7 C6R ganhando da mesma forma a D que fica sem casa de fuga.

6... R3B 7 D3B mate

Mate em 7 lances! Resultado evidente da fraca defesa adotada. Para as brancas tudo foi simples, em virtude da maior mobilidade, conseqüência do mau jôgo do adversário.

Defesas com ... P3CR

Agora as negras "fianquetam" o seu BD, logo de início, antes de disputarem o domínio central. Novamente as brancas têm liberdade de ação, completando um poderoso desenvolvimento e franca iniciativa.

DEFESA FIANQUETO DO BISPO DAMA

BRANCAS	NEGRAS	BRANCAS	NEGRAS
1 P4R	P3CD	2 P4D	....

Explorando a ausência do adversário no centro, as brancas se apressam em estabelecer um forte centro de peões. Isto em breve se traduzirá por fenomenal atividade das peças brancas.

2...   B2C

Desenvolvendo o B e atacando o PR das brancas, porém sem maior efeito, devido à falta de coordenação.

3 B3D   ....

As brancas desenvolvem seu B eficazmente e protegem ao mesmo tempo seu PR.

3....   P4BR?

As negras armam uma cilada: se 4 $P \times P$, $B \times P$ e as negras ganham a T. Mas esquecem que, movendo seu PBR, estando atrasadas no desenvolvimento, se expõem ao desastre.

4 $P \times P$!!   ....

As brancas "caem" na armadilha. Com sua D e B postados para o ataque, elas dispõem de réplica decisiva.

4 .... $B \times P$

De acôrdo com o plano. Mas sua alegria dura pouco.

5 D5T+   ....

O lance que as negras olvidaram em seu raciocínio. Como resultado do prematuro avanço do seu PBR, expuseram seu R a um ataque indefensável.

5 ....   P3C   6 $P \times P$ ....

Agora as brancas ameaçam 7 P7C mate ou 7 P×P mate. Violenta ameaça, ainda na abertura, únicamente atribuída ao mau jôgo das negras. É também um tributo ao poderoso centro de peões das brancas.

     6 . . .   C3BR

Finalmente surge um lance de desenvolvimento — porém demasiadamente tarde. Contra 6. . . P3D (para dar ao R uma casa de escape), haveria 7 P7C+ desc., seguido de 8 P×DT, deixando as brancas com vantagem decisiva.

60

As brancas ganham com belo sacrifício da Dama.

A superioridade das brancas é tão acentuada, que elas se permitem o luxo de sacrificar sua D:

7 P×P + desc. C×D 8 B6C mate

Desfecho sensacional que tem sua moral. As negras ignoram o problema do contrôle do centro; não desenvolveram suas peças no flanco-rei e se lançaram prematuramente ao ataque. Sem desenvolvimento elas expuseram seu R ao ataque decisivo. As brancas, ao contrário, organizaram forte centro de peões, que permitiu o jôgo das peças para o ataque; seus sacrifícios nos 4.º e 7.º lances foram verdadeiros "presentes de grego".

O futuro pertence ao jogador que possui domínio central e melhor desenvolvimento — embora não de forma tão espetacular como na partida a que acabamos de assistir. Nisto repousa a maior falha destas defesas incomuns e inferiores: cedem, desde muito cedo, o comandamento da partida.

Defesas inferiores, após 1 ... P4R

Mesmo após 1 P4R, as negras podem incorrer em dificuldades, muito cedo, realizando lances anormais, condenados pela teoria. Um dêsses lances, aliás muito freqüente, é o precipitado ... P3BR.
Um bom jogador de fôrça mediana, defrontando-se com êste lance, poderá confundir-se. Não consta dos bons livros ou das partidas entre mestres. Parece suficientemente sólido, pois, é óbvio, objetiva o apoio ao P4R das negras.

Porém o prévio ...P3BR é fraco, invariàvelmente compromete o jôgo das negras e permite que o adversário aja ofensivamente.

GAMBITO DAMIANO

BRANCAS	NEGRAS	BRANCAS	NEGRAS
1 P4R	P4R	2 C3BR	P3BR?

O lance correto seria 2... C3BD, pelo qual as negras desenvolvem uma peça, apóiam seu PR e levam seu CD para uma casa que permite bater o centro.

3 C×P!   ....

Esta dinâmica captura revela o êrro do lance anterior. Se agora 3 ... P×C, D5T+ (outra vez êste ominoso lance) e as negras devem decidir entre 4... P3CR; 5 D× PR+, perdendo uma T e 4 ... R2R; 5 D×PR+, R2B; 6 B4B+ ficando sob ameaça de mate.

O defeito primordial de . . .P3BR? é o enfraquecimento da posição do R das negras; além disso, outro inconveniente é que o CR fica privado de sua melhor casa para o desenvolvimento.

3... D2R

As negras experimentam outro caminho. Assim evitam o desastre imediato, mas expõem prematuramente sua D aos ataques do adversário.

4 C3BR	P4D	6 P×P	D×P+
5 P3D	P×P		

As negras recuperam o P, mas em compensação as brancas desenvolvem ràpidamente suas peças. E ganharão tempo atacando a D das negras.

7 B2R B4BR

Ameaçando . . . D×P

8 P3B B3D 9 B3R C2R

As negras procuram desenvolver suas peças ràpidamente e estão em condições de colocar seu R em segurança rocando. Mas as brancas estão alertas para estragar tudo.

10 CD2D ....

Ameaçando a D e ganhando tempo. É difícil encontrar a resposta correta, pois após 10 . . . D3R, as brancas podem responder 11 B4BD (ameaçando a D outra vez), D2D; 12 C4D e as negras se vêem atrapalhadas, pois não podem rocar. Assim as conseqüências de . . . P3BR? continuam a prevalecer de forma desfavorável para as negras.

10. ... D5CR

Agora as brancas podem capturar a D negra.

Tomba a D das negras.

61

11 C1CR!! ....

Incrível como possa parecer, esta retirada ganha a D ou estabelece vantagem material equivalente.

Assim, se 11 ... D3C; 12 B5T ganha a D (o prematuro P3BR? ainda é o culpado desta desgraça). E se 11 ... D×P; 12 B3B ganha. As negras não têm melhor alternativa.

11.... D5TR 12 P3CR! Aband.

As brancas caçaram a D no tabuleiro; uma drástica demonstração de como foi inconveniente e precipitado o P3BR.

Verificamos, neste Capítulo, que as defesas incomuns são incomuns justamente porque deixam as negras em situação inferior. Esquecem o problema do contrôle do centro, ignoram o problema da maior mobilidade e desprezam o comandamento do terreno adequado. Êstes defeitos concedem às brancas posição ganhadora por meio de técnicas apropriadas: monopolizando o contrôle do centro; desenvolvendo suas peças rápida e efetivamente; montando o ataque que é o caminho para a vitória, face à inferioridade do adversário.

91

II. DO PONTO DE VISTA DAS NEGRAS

Capítulo Oito

COMO SE APODERAR DA INICIATIVA

É INDISCUTÍVEL que as brancas dando início à partida devem comandar a iniciativa, porém muitas vêzes a perdem, na prática. As negras posteriormente podem então se transformar em agressoras.

Quando as brancas não perdem material nem criam debilidades, como deverão proceder as negras para se apossarem da iniciativa?

Há muitas outras formas de as brancas errarem. Podem, por exemplo, jogar uma abertura demasiadamente passiva, em que desapareça sua vantagem teórica inicial, dando oportunidade às negras. Ou podem as brancas jogar uma excelente abertura e entretanto arruinarem seu desenvolvimento com uma série de lances fracos, perdas de tempo com repetidos movimentos de dama etc.

As negras devem manter-se em estado de alerta, para poderem explorar uma dessas oportunidades.

Se elas descobrem que o adversário desperdiça tempo valioso procurando ganhar um P relativamente sem importância, podem aproveitar a ocasião para se adiantarem no desenvolvimento.

Algumas vêzes as brancas não se deixam levar pela ganância de peão e devem ser vencidas por outra falha de seu jôgo — mau julgamento. Leve descuido, falta de atenção, preguiça, apreciação superficial e inocente de uma cilada posicional, são causas de ruína posicional das brancas.

As negras devem sempre estar prontas para se apossarem da iniciativa. São muitas, como vimos, as possibilidades de êrro das brancas, devendo as negras estar alerta para a exploração dêsses casos de mau julgamento. A seguir veremos alguns exemplos típicos de faltas cometidas pelas brancas.

Perda da iniciativa devido a uma abertura fraca

Na partida que se segue, as negras nos oferecem um exemplo clássico de um ataque desorganizador. Seu jôgo é magnífico e, entretanto, todo conseqüência de uma abertura falha das brancas. As negras imediatamente agarraram-se à oportunidade oferecida pela falha do adversário.

ABERTURA IRREGULAR

BRANCAS	NEGRAS	BRANCAS	NEGRAS
1 P4CD	P3R	2 B2C	C3BR

Embora ainda muito no início da partida, já se pode constatar o caráter falho do primeiro lance das brancas. As negras estão atacando e as brancas se defendendo! C desenvolvimento das negras se fará ràpidamente, enquanto o das brancas se processará com dificuldade.

3 P3TD	P4B	4 P5C	P4D

Os peões negros já revelaram uma substancial ocupação do centro; enquanto as brancas nada prometen nesse sentido. O esfôrço das brancas para a melhoria da situação acarreta o seu próprio desastre.

> 5 P4D?

Plausível, porém débil, como as negras provarão a seguir.

62

As negras, agora, dispõem da iniciativa.

> 5 ....   D4T+!

Êste fortíssimo lance provoca uma reação em cadeia. Obriga as brancas a efetuarem C3BD para proteger seu infortunado PCD. E, para proteger êste C, as brancas são forçadas a desenvolver sua D com riscos. Tais fatôres abrem grandes oportunidades para o ataque das negras.

| 6 C3BD | C5R | 8 D×P | B4B! |
| 7 D3D | P×P | 9 D×PC | B×P+ |

O ataque das negras deixa a D branca longe do palco das ações e priva o R dêste privilégio que é o roque. Embora ainda a partida esteja em seu início, já o dispositivo das brancas está rôto.

97

10 R1D   ....

63

Como as negras irão proteger sua T ameaçada?

10 ....   P5D!!

Decididas a levar seu ataque contra o R adversário, as negras ignoram a ameaça à sua T. Observe-se, em todo o caso, que 11 C×C? permitiria 11 ... D8R mate!

11 D×T+   R2R!   12 D×B   P×C

No caso de 13 B×P, as negras pretendem continuar com 13 ... C×B+; 14 R2D, C5R xeque (D e C); 15 R3D, D7D+; 16 R×C, D6R mate.

13 B1B   C2D!!

64

As negras oferecem outra T!

As negras calcularam corretamente. Assim, se agora 14 D4B, T1D; 15 D4C+, CD4B xeque desc.!; 16 B2D T×B+; 17 R1B, T8D+!!; 18 R×T, D1D + seguido de mate.

A variante que se segue fôra prevista, a despeito da enorme vantagem material das brancas. Com 4 poderosas peças de ataque à sua disposição, as negras arquitetam elegante combinação.

14 D×T	D×PC	16 R1B	B6R+!!
15 B4B	D4D+	17 B×B	C7B!!

As brancas abandonam, pois pós 18 B×C as negras respondem 18... D7D+, com mate em 2 lances.

As negras puniram as brancas por terem perdido a iniciativa, escolhendo uma abertura inferior.

Perda da iniciativa devido a repetidos lances da dama

As brancas iniciam com excelente posição, porém, animadas por estranho impulso suicida, deixam sua D fora de jôgo. As negras se desenvolvem ràpidamente e de forma impetuosa, sacrificando ambas as tôrres e ganhando de maneira bonita.

DEFESA NIMZOÍNDIA

BRANCAS	NEGRAS	BRANCAS	NEGRAS
1 P4D	C3BR	5 P×P	C3T
2 P4BD	P3R	6 P3TD	B×C+
3 C3BD	B5C	7 D×B	C×P
4 D2B	P4B	8 B5C	P4TD

65

Situação típica da defesa Nimzoíndia.

A posição é normal numa Nimzoíndia, as negras têm bom desenvolvimento, mas tiveram que trocar um dos bispos. As brancas devem agora continuar com 9 P3B, P5T; 10 P4R, P3D, chegando-se a uma situação com possibilidades equivalentes. Porém, em lugar disso, continuam fracamente cedendo a iniciativa ao adversário.

9 D5R?	P3D	11 D4B?	P4R
10 B×C	P×B	12 D6T	D3C!

As negras ganharam 2 lances para desenvolverem seu B e ativarem sua D. As brancas, tardiamente, retornam às jogadas racionais, mas as negras não lhes concedem mais qualquer possibilidade.

13 T1C	B4B!!	15 D×T+	D2R
14 D×PB	B×T	16 D×T	....

66

As brancas têm ataque de mate.

100

As negras conseguiram seu intento; a D contrária está afastada da luta e as demais peças permenecem em suas casas de origem.

16 ....   C5R!

Ameaçando mate em lances.

17 P3R   D×PC

Ameaçando mate a seguir.

18 D×PT   D×PB+

As brancas abandonam. Se 19 R1D, D×B+; 20 D1R, D6D+ e mate no próximo lance. As negras jogaram intrèpidamente para explorar a perda da iniciativa por parte das brancas.

Perda da iniciativa devido à ganância

Nesta partida também as brancas começam bem, mas as negras manobram engenhosamente, procurando explorar a cobiça do adversário.

DEFESA FRANCESA

BRANCAS	NEGRAS	BRANCAS	NEGRAS
1 P4R	P3R	5 B3D	B3D
2 P4D	P4D	6 O—O	O—O
3 P×P	P×P	7 C3B	C3B
4 C3BR	C3BR	8 B5CR	....

As brancas já cederam parte da iniciativa ao jogarem 3 P×P, abrindo a diagonal para o BD negro. Indubitàvelmente, o jôgo negro ainda está sob alguma pressão,

101

principalmente porque seu CR está cravado e seu PD ameaçado.

67

Como as negras devem defender seu PD?

Ousadamente as negras prosseguem ignorando a situação de seu PD* e jogam:

8 .... B5CR!

As negras sabem que: se 9 C×P, B×P+; 10 R×B, D×C! e recuperam o P, com bom jôgo.

9 B×C   D×B!   10 C×P   D3T!

As negras ameaçam 11 ... B×C e 12 D×P mate. As brancas não podem defender com 11 P3CR?, devido a 11 ... D4T!, ganhando. Realmente, as brancas poderiam continuar com 11 D1B, mas, após 11 ... D×D; 12 TD×D, B×C; 13 P×B, C×P, as negras recuperam o P, ficando com posição promissora. Nestas condições, elegem o que lhes pareceu ser melhor:

11 P3TR   ....

---

* Em partida similar, (págs. 47 e 48), as negras realizaram o tímido 8 ... C2R??; 9 B×C, P×B; 10 C4TR e perderam em poucos lances.

102

68

As negras se apoderam da iniciativa.

11	C×P!

Oferecendo uma peça que não pode ser tomada pois se 12 P×B???, C×C+;13 D×C, D7T mate.

12 B2R	C×C+	13 B×C	B×P!

As negras, após terem deixado um P, agora se apresentam com um a mais. As brancas não podem jogar 14 P×B, devido a 14 ... D×P; 15 T1R, B7T+; 16 R1T, B6C+ desc.; 17 R1C, D7T+ e mate no próximo.

14 T1R	B3R	16 D2R	B×C
15 P3CR	TD1D	17 B×B	B×P!

Se 18 P×B, T×B com outro P a mais.

18 B4R	T7D	19 D×T	B7T+!

As brancas abandonam, pois se 20 R2C, D×D; 21 R×B, D×PBR+ com nítida vantagem em material.

103

Perda da iniciativa devido a um desenvolvimento bloqueado.

É fascinante como inteligentemente as negras se apossam da iniciativa e atacam, nesta partida brilhante e curta. Tudo corre tranqüilamente, porém de forma muito instrutiva.

PARTIDA DOS QUATRO CAVALOS

BRANCAS	NEGRAS	BRANCAS	NEGRAS
1 P4R	P4R	4 B5C	B5C
2 C3BR	C3BD	5 O—O	O—O
3 C3B	C3B	6 B×C	....

Em partida idêntica (página 60-61) as negras efetuaram 6 ... PC×B? e se encontraram em dificuldade devido ao aprisionamento do seu BD. Nesta as negras retomam com o PD, permitindo que seu BD se desenvolva com efetividade.

69

Como devem as negras recapturar?

6	PD×B!	8 B5C	P3TR
7 P3D	B3D	9 B4T	P4B!

70

As negras armaram sutil cilada.

Com seu último lance, as negras não sòmente preveniram P4D, como também prepararam uma armadilha na qual as brancas não tardam a cair.

10 C5D?   P4CR!   11 C×C+   ....

Da mesma forma após 11 B3C, C×C; 12 P×C, B5C as negras dominam o jôgo.

11	D×C	14 D×B	D×D
12 B3C	B5C!	15 P×D	P3BR
13 P3TR	B×C	16 R2C	....

O resultado da armadilha posicional traduz-se pelo ganho de uma peça. O B das brancas é uma peça morta e não pode ser empregado na partida.

16	P4TD	18 T1T	R3R
17 P4TD	R2B	19 P4T	TR1CD

71

As negras têm uma peça a mais!

105

A estratégia das negras se revela deliciosamente simples. Jogam para abrir uma coluna no flanco-dama, avançando ... P4C e ... P5B, e assim sua peça "extra" está próxima de se materializar.

20	P×P	PT×P	22	T2TD	P4C
21	P3C	P3B	23	TR1T	P5B

Se agora, 24 PC×P as negras ganham fàcilmente após 24 ... P×PB; 25 P×P, T5C etc.

24	PT×P	P×P6C	27	P4D	T4C
25	PB×P	T×P	28	T4B	T5C
26	T4T	T×P	29	T×PB	T×P

As brancas abandonam, pois jogam com peça "a menos". Há muito para se aprender na forma como as negras tomaram a iniciativa, explorando o descuido no 10.º lance das brancas.

Na partida seguinte, as negras vislumbram sua oportunidade para tomar a iniciativa, ao observarem que o B das brancas se tornou inativo. Prosseguem aumentando a pressão sôbre a enfraquecida posição adversária.

DEFESA SICILIANA

BRANCAS	NEGRAS	BRANCAS	NEGRAS
1 P4R	P4BD	6 B2R	P4R
2 C3BR	P3D	7 C3C	B3R
3 P4D	PxP	8 O—O	CD2D
4 CxP	C3BR	9 P4B	D2B
5 C3BD	P3TD	10 P5B?	....

72

Agora as negras podem tomar a iniciativa.

Com peões nas casas brancas: 4R e 5BR, as brancas reduziram a mobilidade de seu BR de forma alarmante, deixando-o semimorto. Outro inconveniente do último lance branco é o alívio na pressão que vinham exercendo no centro, permitindo a reação ... P4D!

10	B5B	13 D2R	TD1B
11 B3D	P4CD!	14 TD1B	O—O
12 B3R	B2R	15 C2D	P4D!

Declaração de independência. Como na partida anterior, a fraca abertura das brancas permitiu às negras o primeiro passo para a tomada da iniciativa. Realmente, as negras permitem que as brancas ativem seu inútil B e reduzam sua pressão na coluna semi-aberta BD. Porém, conseguem compensação adequada: a abertura da coluna D para suas peças.

16 B×B	PD×B	18 P×P	B×P
17 P3TD	P5C!	19 P4C	....

Um gesto de ataque no flanco-rei. Mas as negras estão bem preparadas. Como resultado as negras poderão explorar futuramente a debilidade criada.

19	B×C	23 R1T	TR1D
20 P×B	D3B!	24 D2R	P3T
21 D2C	C4B!	25 T1T	D3D
22 B×C	D×B+	26 TR1D	....

73

As negras estão prontas para o golpe final.

26 ....   D3B!

As negras ameaçam 27 ... T×C!; 28 T×T, C×PR; e ganham devido à ameaça do xeque descoberto mortal. Se agora 27 T1CR, T×C!; 28 D×T, C×PR; 29 D2C, C7B mate. Ou se 27 T1R, C×PC! ganhando um P.

27 R2C	T3D!	29 R3B	D2D!
28 P3T	TD1D!	30 R3R	....

74

Como as negras irão liquidar a posição adversária sob pressão?

As brancas levaram ràpidamente seu R para o centro, a fim de reforçar a posição. Mas a poderosa cravação na coluna D aberta deixa-as sem recursos enquanto o C negro realiza uma longa caminhada em busca da casa 4CD.

30	C1R!	32 T×PR	C4C!
31 T5T	C2B!	33 T5D	....

Pior seria perder a qualidade com 33 T×C.

33	T×T	35 D3B	C×T+
34 P×T	C×P	36 Aband.	

As brancas não têm compensação para a perda da qualidade. Tendo tomado posse da iniciativa, ainda no início, as negras souberam explorá-la de forma admirável. Assim, em tôdas as partidas dêste capítulo, tivemos oportunidade de ver os diversos caminhos utilizados pelas negras para a conquista de iniciativa explorando erros do adversário.

Capítulo Nove

COMO JOGAR CONTRA GAMBITOS

Constitui uma das mais importantes qualidades, para o condutor das negras, o saber refutar um gambito. Situam-se os gambitos entre os testes mais severos a que se pode submeter um jogador de xadrez. Neste tipo de abertura as negras recebem material, cedido pelas brancas, que intentam tirar o maior proveito da transação, posteriormente. Alguns jogadores quando se encontram face a um gambito esmorecem, enquanto outros o refutam fortemente. A que atribuir tal diferença de atitude? Para ser bem sucedido contra um gambito, deve-se considerar dois valiosos princípios:

1. em um gambito a *iniciativa* é muitíssimo mais importante que a vantagem material; porque o seu objetivo é realmente obtê-la, consistentemente e com sangue frio.

2. jamais esquecer: é possível explorar a vantagem material ofertada como excelente recurso para a posse da iniciativa. *Muitas vêzes a devolução dessa vantagem é o melhor que se deve fazer!*

Por quê? Porque assim forçamos o adversário a despender lances na retomada do material sacrificado e êste tem-

110

po pode ser explorado em benefício do nosso desenvolvimento e do ataque. Em resumo: manter-se alerta por qualquer oportunidade, para o contrôle da iniciativa.

Luta psicológica

A forma como as negras conduzem a partida a seguir é deveras instrutiva, pois o final pode ser incluído entre os mais artísticos que temos visto sôbre o tabuleiro. As negras se apossam da iniciativa, ainda no estágio inicial da luta.

O que mais deve ser destacado, porém, é o modo pelo qual as negras enfrentam o gambito. "Eu não temo o gambito", as negras parecem dizer ao adversário "e, ao mesmo tempo, não pretendo me complicar, mantendo o peão. Na realidade, você poderá retomá-lo quando bem lhe convier — é um problema que não me interessa".

"Ficar com minhas peças em situação confusa e com o jôgo amarrado, apenas para manter a vantagem do peão, — isto eu não farei! Desejo extrair a ferroada do gambito e conduzir a partida a meu modo".

"Se é sua intenção trocar peças, muito bem. Se deseja trocar as damas, ótimo. E se é seu desejo ficar com jôgo inferior levando avante com teimosia seu gambito, excelente!"

ABERTURA DO BISPO

BRANCAS	NEGRAS	BRANCAS	NEGRAS
1 P4R	P4R	4 P3BD	B4B
2 B4B	B4B	5 P4D	P×P
3 P4CD	B×PC	6 P×P	B5C+!

111

75

As negras jogam para trocar peças e facilitar a sua defesa.

As negras não temem o gambito do adversário, que tem por objetivo a conquista de um centro poderoso e rápido desenvolvimento. Convidando à troca de peças, as negras procuram ganhar tempo. É claro que as brancas não são forçadas a aceitar essas trocas e podem continuar com 7 R1B, mas perdem o roque — sem dúvida uma vantagem para as negras.

| 7 R1B? | B4T* | 9 B×P | D2R |
| 8 D5T | P4D! | 10 B3T | C3BR! |

Lance há muito previsto, sem o qual as coisas ficariam ruins para as negras, pois elas sabem perfeitamente que 11 B×D, C×D; 12 B3T é agora o que de melhor podem fazer as brancas, porém não desconhecem que um jogador de gambito jamais se contentaria com mesquinharias. O agressor sonha com o Grande Ataque!

11 B×P+?	D×B	14 C3BR	B2D
12 D×B	C3B	15 CD2D	C×C+
13 D4T	C×PR	16 C×C	O—O—O

---

* As negras não temem 8 B×P+, R×B; 9 D5T + P3CR; 9 D×B, C3BD, pois ganhariam tempo devolvendo o peão.

112

76

A posição das negras é superior, após terem esmagado o ataque de gambito do adversário.

É esplêndido o desenvolvimento das negras; seu R está em segurança e as fôrças adversárias se encontram desorganizadas. O R das brancas não pode abrigar-se no roque. As negras jogaram corretamente psicológica e tècnicamente. Com seus 6.º, 8.º e 10.º lances, transformaram o orgulhoso gambito em humilde fraqueza. Daqui para a frente elas traçam seu próprio rumo.

| 17 TD1C | D4D! | 19 T1D | TR1R! |
| 18 C3B | B4B | 20 B5B | .... |

É tão nítida nesta altura a iniciativa das negras que podem permitir-se o luxo de um sacrifício de dama.

77

O sacrifício da dama deixará as brancas sem defesa.

113

20	D×C!!	22 R1C	T3R
21 P×D	B6T+	23 D2B	T×P!
	24 B×T	C×B	

Ganha também 23 ... C4R! 24 B × T C × B. As brancas abandonam porque após 25 D3D, as negras têm mate com 25 ... T3C+ ou 25 ... C7R+ etc.

Contra-ataque agressivo

Nesta partida, enfàticamente, o defensor revela não estar interessado em uma atitude defensiva! Captura o peão do gambito, logo no segundo lance, mas o devolve no quarto.

A teoria paradoxal das negras é justamente o lance do gambito 2 P4BR, que permitirá a elas levarem avante um poderoso ataque. E a forma de executar seu ataque emana da própria agressividade do adversário.

Para melhor apreciar esta partida, deve-se ter em conta que o jogador das negras é muito forte, enquanto o das brancas é sofrível. Conseqüentemente, as negras não se impressionam quando o adversário escolhe uma abertura agressiva.

Desde o início as negras revelam seu menosprêzo pelo adversário. O valente 4 ... P4CD! conta a história, alardeando o desinterêsse das negras por um humilde peão de gambito. Os simples lances desta partida nos esclarecem bem o assunto. As negras jogam enèrgicamente, brilhantemente e de forma agressiva partem para a vitória. Não encontram dificuldades para desbaratar a débil defesa das brancas.

GAMBITO DO BISPO

BRANCAS	NEGRAS	BRANCAS	NEGRAS
1 P4R	P4R	4 R1B	P4CD!?
2 P4BR	P×P	5 B×PC	C3BR
3 B4B	D5T+	6 C3BD	....

78

As negras visam um rude ataque ao rei adversário que não mais pode rocar

As negras já demonstraram que só o ataque lhes interessa. Isto tem seus efeitos psicológicos, privando as brancas de maiores recursos para a defesa.

| 6 .... | C5C | 8 C5D | C5D! |
| 7 C3T | C3BD | 9 C×P+?* | .... |

As negras obtêm sucesso, o adversário está tão confuso que deixa passar sua derradeira oportunidade para se defender corretamente.

| 9 .... | R1D | 10 C×T | .... |

---

* Aqui as brancas deixam escapar sua última oportunidade para segurar o jôgo com 9 B2R. Antes dispunham de 6 C3BR, afastando a D negra do ataque e, com 7 ou 8 D1R, desconcertariam as negras oferecendo troca de damas.

115

79

As negras podem ganhar material ou prosseguir no ataque. Qual o melhor seguimento?

O mais simples seria 10 ... C×B e acabariam apanhando o C no canto do tabuleiro, ficando em vantagem material decisiva. Acreditamos que a maioria dos jogadores preferia esta variante mais segura e simples. Mas o condutor das negras pensa de forma diferente. Quer ganhar rápido, porém de forma elegante.

  10 .... P6B! 11 P3D P3B

Aqui há uma lição objetiva. Com seu 10.º lance, as negras desmoronaram a defesa do R das brancas, qualquer que tivesse sido a resposta, explorando corretamente a impossibilidade de rocar do adversário.

Agora qualquer jogador estaria superconfiante nesta posição. Mas não o condutor das negras. Embora concentrado num brilhante ataque, não esquece a ameaça 12 B5C+, ganhando a D.

  12 B4BD P4D! 13 B×P B3D!

As negras estão preparando um desfecho diabólico. Com seu despretensioso 12.º lance, abrem a diagonal para seu BD; e com seu 13.º lance, colocam seu outro B no ataque. Por que as negras jogaram desta forma? A explicação encontra-se na observação referente ao 16.º lance.

14 D1R   P×P+   15 R×P   ....

80

As negras estão em condições de completar um belíssimo sacrifício de dama.

15 ....   D×C+!!

O lance pelo qual as negras esperavam.

16 R×D   C6R+ desc.

Vemos agora que êste xeque foi possível devido ao 16.º lance. Nota-se, ainda, que R3C, das brancas, é impossível devido ao 13.º lance das negras.

14 R4T   C6B+   18 R5T   B5C mate

As negras jogaram com senso artístico e concluíram com brilhantismo.

Vejamos como a partida terminaria após 14 P3B: 14 ... P×P+; 15 R×P, D×C+!!; 16 R×D, C6R+ desc. 17 R4T. Agora as negras devem seguir um curso diferente: 17 ... C7C+; 18 R5T, P3C+; 19 R6T, B1B mate.

Neutralizando um gambito de surprêsa

A partida seguinte convém ser apreciada em têrmos de personalidade. O condutor das negras é um jovem de 12 anos que mais tarde chegou a ser Campeão Mundial de Xadrez. Seu oponente é um jogador adulto e experimentado, que espera confundi-lo, adotando um complicado gambito de ataque.

GAMBITO HAMPPE — ALLGAIER

BRANCAS	NEGRAS	BRANCAS	NEGRAS
1 P4R	P4R	5 P4TR	P5C
2 C3BD	C3BD	6 C5CR?!	P3TR
3 P4B	P×P	7 C×P!?	R×C
4 C3B	P4CR		

A posição das negras poderia dar o que fazer a um mestre sofisticado. Seu R está exposto ao ataque e já não mais pode rocar. É verdade que elas têm uma peça a mais, enquanto as brancas podem capturar alguns peões nos lances seguintes de forma a quase equilibrar materialmente a partida.

Reside em seu retardado desenvolvimento a maior dificuldade para as negras. Aparentemente as brancas acertaram escolhendo esta complicada variante.

81

As negras devem desenvolver um plano cheio de recursos.

8 P4D   P4D!   10 R2B   P6C+
9 P×P   D2R+!   11 R1C   ....

82

As negras estão prontas para uma grande surprêsa.

Um olhar ao diagrama 82 nos dá a impressão de que as negras cometeram suicídio. Elas já deram dois peões pela peça sacrificada e agora movendo seu C atacado deixam outros dois. Porém, muito pior é o seu atraso em desenvolvimento.

11 ....   C×P!!

Com êste magnífico recurso, as negras revelam saber como se livrarem da incômoda situação. O lance é difícil de se compreender, apreciando-o apenas sob o aspecto material.

12 D×C   D4B!!

Agora está claro o objetivo do sutil contra-sacrifício efetuado pelas negras: se 13 D×D??, B×D+ e mate a seguir.

13 C2R   D3C!   14 D×D   PT×D

As negras ainda ameaçam mate!

15 C4D   B4BD   16 P3B   T5T

119

As negras jogam com habilidade notável. Agora ameaçam 17 ... T×C!; 18 P×T, B×P+ e mate, a seguir.

Se as brancas tentam 17 P4C, então 17 ... T×PC! esmaga a defesa.

Além destas considerações táticas, as negras encerram a T das brancas para o resto da partida.

| 17 B2R | B×C+ | 19 P3C | C3B |
| 18 P×B | T×PD | 20 B2C | T7D! |

Naturalmente não 20 ... T×P?; 21 B4B e as negras perdem a T devido à cravação.

Nesta situação, as brancas podem evitar a perda de uma peça com 21 B×C, R×B; 22 B3B; mas então, ficariam sem possibilidades para o final, com um P a menos. Assim, decidem seguir outro caminho, mas as negras também têm resposta.

| 21 B5T+ | C×B! | 22 B×T | P6B! |
| | 23 P×P | C5B! | |

83

Com suas peças concentradas no ataque as negras devem decidir ràpidamente.

Se agora 24 T1R, as negras têm um final belíssimo com 24 ... B6T!; 25 B5R, T7CR+; 26 R1B, T7BR+ duplo; 27 R1C, T8B+!; 28 T×T, C7R, mate!

| 24 B5R | T7CR+ | 26 R1R | C6D+ |
| 25 R1B | T7BR+ | abandonam | |

As negras capturam o B, com situação ganha. Partida fascinante em virtude da linha seguida pelas negras em refutação a um gambito muito pouco usado e pela maneira como se apossam da iniciativa. (Jogou com as negras José Raul Capablanca).

Iludindo um ataque de gambito

Embora o jôgo das brancas não mereça louvores pela desarvorada impetuosidade, as negras devem ser elogiadas pela forma correta com que se conduziram. No lance n.º 3, recebem oferta de material, que sabiamente recusam, para sòmente 2 lances mais adiante elas *próprias* ofertarem material! Cedo as negras dispõem de poderosa e surpreendente iniciativa que conduz a convincente vitória. É interessante observar a preocupação com que jogam para não se deixarem iludir pelo ganho de material, procurando sempre os lances mais incisivos.

GAMBITO VIENENSE

BRANCAS	NEGRAS	BRANCAS	NEGRAS
1 P4R	P4R	4 PB×P	C×P
2 C3BD	C3BR	5 D3B	C3BD!
3 P4B	P4D		

84

Com seu último lance as negras revelam suas intenções de ataque.

As negras manobram no sentido do contra-ataque, em lugar de se preocuparem com seu C sob duplo ataque em 5R. Elas sabem perfeitamente que 6 B5C é a melhor réplica para as brancas — mas esperam que o adversário jogará 6 C×C? com vistas a 6... C×P??, quando então 7 D3CR ganharia uma peça!

6 C×C   C5D!   7 D4B   P×C

Se agora 8 D×PR??, B4BR ganhando.

8 B4B   B4BR   9 P3B!?   P4CR!

Sàbiamente as negras evitam 9 ... C7B+; 10 R1D, C×T; 11 D×B; pois nesse caso as brancas ameaçariam mate, com suficiente tempo para capturarem o C.

No caso de 10 D1B (como réplica ao último lance das negras), haveria uma bela linha 10 ... C7B+; 11 R1D???, C6R+ ganhando a D.

10 B×P+   R×B   11 D2B   ....

85

Devem as negras procurar o ganho de mais material?

Novamente as negras dispõem do tentador ... C7B+, mas após 12 R1D, C×T; 13 D×B+, R2C ficariam na iminência de perderem seu precioso C e com seu R exposto. Assim, as negras raciocinaram corretamente, não despendendo sua iniciativa com ganho duvidoso, preferindo agir de forma mais positiva com:

11 . . . .   P6R!!

pretendendo, após 12 D$\times$P???, C7B+ ganhar a D. Outra bela facêta do plano das negras é que, aparentando deixar abandonada uma peça quando movimentam seu C, elas apenas manobram para manter a vantagem material.

12 D1B   P$\times$P+!

As negras prosseguem jogando o mais forte. Se agora 13 B$\times$P, respondem C7B+, com decisivo ganho de material — ou mesmo mate em alguns casos.

13 R1D   P$\times$BD=D+   14 R$\times$D   P5C!

Não temem 15 P$\times$C, pois forçariam mate com 15 . . . B3T+; 16 R1D, D$\times$P+ etc.

15 P4C   D4C+   16 R1D   T1D!

Nesta difícil situação, as brancas abandonam. Se 17 P$\times$C, T$\times$P+ é decisivo.

O rápido contra-ataque esfacelou o dispositivo, desleixadamente estruturado pelas brancas.

Neutralizando a iniciativa das brancas

Nesta partida, como na anterior, a iniciativa das negras foi fator decisivo. Mas a vitória obedece a mecanismes diferentes. Na anterior, as negras exploraram a cobiça fatal do adversário e nesta as brancas irão sucumbir devido ao desperdício de tempo na abertura.

Observe-se que as negras aqui jogam corretamente e de forma consistente como na partida anterior; mas em lugar de um jôgo espetacular, trabalham com calma, de maneira lógica, aumentando gradativamente a pressão até deixarem as brancas sem recursos.

CONTRAGAMBITO FALKBEER

BRANCAS	NEGRAS	BRANCAS	NEGRAS
1 P4R	P4R	5 C2D	P×P
2 P4BR	P4D	6 B×P	C×P
3 PR×P	P5R	7 C4R	C5C!
4 P3D	C3BR	8 B5C+	P3BD!

Com seu 7.º lance as negras se apossam da iniciativa, que não mais pode ser tomada, mesmo simplificando-se a partida com a troca de damas.

86

Apesar da próxima troca das damas, as negras já impuseram uma atitude defensiva ao seu oponente.

O jôgo das brancas já carece de vitaminas. Certamente tornou-se impossível conseguirem o jôgo que buscavam com o seu gambito.

9 DxD+	RxD	12 R1D	P3B
10 B4T	B4BR	13 C5C—3B	C1C—3T
11 C5C	R1R		

87

A cada lance mais se acentua a superioridade das negras.

Graças ao enérgico jôgo das negras, a vantagem inicial do adversário se evaporou e suas peças estão desarticuladas. As negras hàbilmente alternam lances de ataque e desenvolvimento. Nesta altura podem ... C4B e também ... T1D+, lances que aumentarão sua vantagem posicional.

14 P3TD	T1D+	17 B3C	CxB
15 B2D	C4D	18 PxC	B3D
16 R2R	C4B		

As negras continuam martelando a posição contrária. Agora com o par de bispos contra C e B, elas jogam para reduzir ainda mais as possibilidades adversárias.

19 P3C	R2B	21 R2B	B3C+
20 T1BD	B2B	22 R2C	TR-1R

88

Observe-se como os bispos se tornaram fortes.

Tôdas as peças negras jogam magnìficamente e continuam aumentando a pressão que se torna irresistível. As brancas ainda não podem desenvolver seus CR e TR. As negras prosseguem no mesmo estilo violento, precipitando um final esmagador.

23 P3T	C6R+	26 B3B	C8D
24 R2T	T6D	27 P4C	B5R
25 P4CD	T1R-1D	28 C1R	....

89

As negras ganham uma peça no mínimo.

28 .... T7D+
29 Abandonam

Após 29 B×T, T×B+ as negras ganham em belo estilo, como lhes convier.

126

A moral disto tudo é que, nas linhas de gambito, a iniciativa deve sobrepor-se ao restante. Vimos neste capítulo que as negras se encontram mais próximas do sucesso quando localizam os fatôres que lhes permitirão apoderar-se da iniciativa; combatem insistentemente por consegui-lo, e, após isso, agem violentamente.

Capítulo Dez

COMO DEFENDER-SE
DE UM PODEROSO ATAQUE

Escreveu famoso filósofo inglês: "Feliz é aquêle cujas circunstâncias se coadunam com seu temperamento, porém mais feliz é aquêle que pode adaptar seu temperamento às circunstâncias." Isto sucede com os jogadores de xadrez. Adoram o ataque acima de tudo; desejam atacar a todo momento e a qualquer preço; mas esta qualidade de xadrez lembra uma restrita dieta alimentar. As posições no xadrez são de todos os tipos e nem sempre podemos escolher aquela que melhor nos conviria. Se certas linhas de jôgo nos desgostam, devemos esperar que nosso oponente, jubiloso, as empregue contra nós. Possuir habilidade defensiva é importante num jogador de xadrez, dando-lhe satisfação e sucessos.

Além disso, embora muitos possam fugir dessas tarefas defensivas, deve-se ter perseverança e determinação para combater até à vitória quando em tais situações. É claro que uma defesa bem conduzida precisa ser dinâmica, à base de contra-ataques ou de ataques diretos. Essa orientação deve ser o escopo e mesmo a obrigação numa boa defesa. Os exemplos que se seguem tratam da sua execução prática.

Manobrando em uma posição restringida

São inconvenientes as posições restringidas devido à impraticabilidade de movimentação das peças em busca do desenvolvimento. Disse um grande-mestre: "Posições restringidas trazem em si o germe da derrota". Assim se expressando, quis dizer que o jogador, preocupado com as dificuldades da posição, poderá ir sendo levado contra a parede. A melhor maneira de se lidar com uma posição restringida é evitá-la; porém nem sempre a prática dos melhores princípios e máximas do mundo pode impedir que nos encontremos às voltas com tais situações.

Se as peças se encontram amontoadas, deve-se sempre aguardar uma oportunidade para liberar o jôgo. Isto é mais fácil dizer do que realizar; porém, por muitos lances, deve-se estar atento, aguardando a oportunidade que, embora disfarçada, poderá surgir num determinado momento. O conselho é sempre útil: ficar alerta por uma oportunidade de liberar o jôgo. Manter-se em guarda contra as dificuldades e pronto para solucioná-las, é muitas vêzes meio caminho para a luta.

Eis um útil ensinamento ilustrado na partida seguinte: acreditar que a liberação do jôgo, geralmente, é conseguida no centro.

DEFESA ÍNDIA ANTIGA

BRANCAS	NEGRAS	BRANCAS	NEGRAS
1 P4D	C3BR	5 P4R	B2R
2 P4BD	P3D	6 B3D	O—O
3 C3BR	CD2D	7 O—O	P×P!?
4 C3B	P4R	8 C×P	T1R

As negras cedem o centro com seu lance n.º 7. Elas agora não dispõem de peões na sua quarta fileira, enquanto as brancas têm dois (em sua quarta fileira). O resultado é que os peões brancos controlam melhor o centro que os negros. As peças negras, em conseqüência, dispõem de menor espaço de manobra que as contrárias.

9 P3CD	C4R	12 P3TR	B1BR
10 B2B	P3TD	13 P4B	C3C
11 B2C	B2D		

90
As negras devem agora manobrar com habilidade no centro.

A posição das negras apresenta-se desconfortàvelmente cerrada, porém tem suas compensações. Atacando o PR, elas restringem a liberdade de ação das brancas.

Também as peças negras estão bem postadas para impedir o avanço agressivo P5R. Porém elas têm outras idéias. Dentre elas, a principal será liberar seu jôgo, alguns lances mais adiante, com ... P4D. Primeiro devem jogar ... P3B, como lance preparatório, e em seguida P4D, num momento em que a poderosa réplica P5R não seja exeqüível. O curso posterior da partida nos mostra como as negras materializam essa idéia.

130

| 14 D3B | P3B! | 16 D3D | D2B |
| 15 TD1R | P4C! | 17 R1T | .... |

Vingou o raciocínio das negras. O desenvolvimento das brancas parece muito significativo, mas com P5R ou P5BR impedidos, as negras pouco precisam temer (Por que não é jogável P5BR? Porque êste lance permitiria C4R, situando o C negro em magnífica e inacessível casa central).

| 17 .... | TD1D | 18 B1C | P5C! |

91

As negras paulatinamente liberam sua posição.

As negras têm feito consideráveis progressos. Forçando a retirada do CD adversário, preparam-se para jogar ... P4D (as brancas não terão peça para hostilizar a casa 5D). As negras obtiveram outra vantagem. Impossibilitando P4CD tornaram praticável o estabelecimento de um C em sua casa 4BD, donde poderão atingir fortemente o centro.

| 19 C1D | B1B! | 21 C5B | C4B! |
| 20 D3BR | C2D! | 22 P4C? | C3R! |

Explorando hàbilmente a debilidade do 22.º lance das brancas, atacam o PBR e preparam-se para a manobra libertadora final.

| 23 D3C | B2C! | 24 P4TR | P4D!! |

131

92

As negras liberaram seu jôgo.

No momento exato e com o máximo impacto, as negras liberaram o jôgo. Observe-se que ... P4D!! é muito forte porque abre a diagonal que leva ao R das brancas, conseqüentemente o B2CD torna-se poderoso. Note-se ainda que as negras ganham tempo jogando ... P4D!!, desde que com isso atacam o PBR das brancas. E, finalmente, a reação possível das brancas com P5R perde tôda a sua importância, devido à ação das negras na grande diagonal.

25 P5R   P4B!   26 P×P   T×P

Agora que a diagonal para o B2CD está completamente desimpedida, as negras ameaçam tôda a sorte de violentos xeques descobertos, tais como T×C ou T6D.

As negras estão aptas a responder 27 B4R com 27 .... T×C!, ganhando.

27 R1C   T7D!   28 C5B-3R....

Algo teria que ser feito em relação à ameaça .... T7C+ (no caso de 28 T2B, as negras ganham com 28 .... T1R-1D).

Mas o próximo lance das negras (ameaçando .... D8T mate!) força as brancas a abandonarem.

132

28 ...	D3B!	29 T3B	D×T

As brancas abandonam. A perita manobra das negras em uma posição restringida foi extremamente expressiva. Elas sabiam que era indispensável liberar o jôgo e conheciam a maneira de o fazer.

Defesa pelo contra-ataque

Freqüentemente, manejando as peças negras, somos forçados a determo-nos em agudo e detalhado exame sôbre as intenções do oponente. Isto é claro, porque cabendo o início do jôgo às brancas, é de se esperar que passem ao ataque. Contudo, não se pode assegurar que o raciocínio das brancas seja sempre correto e a execução dêsse ataque sempre impecável.

Jogando com as negras, devemos organizar a posição, decidir qual a tensão que pode ser mantida; friamente pesar igualmente as possibilidades de sucesso ou fracasso do ataque oponente. Se concluirmos que o ataque será deficiente, podemos pensar no contra-ataque. Concluindo que o esfôrço das brancas no flanco-rei não será decisivo, podemos pensar em contra-atacar no lado oposto. Tais ações no flanco-dama são comuns. Na partida que se segue, as negras desenvolvem esta idéia, com perfeita habilidade.

GAMBITO DA DAMA RECUSADO

BRANCAS	NEGRAS	BRANCAS	NEGRAS
1 P4D	P4D	5 P3R	CD2D
2 P4BD	P3R	6 B3D	P×P
3 C3BR	C3BR	7 B×PB	P4CD
4 C3B	P3B	8 B3D	P3TD

133

O BD das negras está bloqueado pelo seu P3R. Seus últimos 3 lances têm como escopo propiciar uma nova diagonal para êle, o que poderá ser obtido com o próximo ... P4B!

9 C4R*	P4B!	11 C×CD	B×C
10 P×P?	C×P	12 O—O	B2C

93

As negras estão com desenvolvimento superior.

Como conseguiram as negras avantajar-se no desenvolvimento? Explorando a errônea manobra oponente que movimentou 3 vêzes o CD — para trocá-lo. O 10.º lance das brancas constituiu nova perda de tempo, que ajudou ainda mais o desenvolvimento do adversário. As brancas deveriam considerar sua acanhada posição, porém, em lugar disso, lançam-se ao ataque.

As negras se deixam impressionar? Claro que não avançadas em desenvolvimento e com o flanco-rei-seguro não temem o ataque que se inicia.

13 P3CD	O—O	15 T1B	TD!B
14 B2C	D2R	16 D2R	B6T!

---

* O melhor para as brancas é 9 P4R, P4B; 10 P5R, P×P; 11 C×PC com jôgo complicado.

As negras pretendem levar suas fôrças para o flanco-
-dama. Removendo o BD protetor das brancas, ficam
em condições de prosseguir com ...C4D e C6B, plan-
tando o C, com grande efeito, no dispositivo contrário.

17 TR1D   C4D!   19 D×B   P5C!
18 B1C   B×B   20 D5R   C6B!

94

As negras completam seu objetivo no flanco-dama.

As negras têm jôgo ganho. Se agora 21 T2D ou 21
T1R, respondem ... C7R+ com efeito decisivo. As
brancas, porém, devem, de qualquer forma, prosseguir
com seu ataque.

21 T×C   P×T!   23 D5T+   R1C
22 B×P+   R×B   24 C5C   ....

95

As negras estão sob ameaça de mate.

135

As negras devem impedir 25 D7T mate.

| 24 .... | B5R!! |

Êste lance, que parece insensato, constitui na realidade brilhante recurso que ganha precioso tempo (após a resposta, as negras ameaçam mate).

| 25 C×B | P7B | 26 T1BD | TR1D! |

As negras evitam sutil cilada: se 26 ... D6T?; 27 C6B+!; P×C; 28 D4C+ e as brancas têm xeque perpétuo!

| 27 P3TR | .... |

Para 27 P4TR, as negras dispunham de 27 ... D6T; 28 C5C, D×T+; 29 R2T, T2B e as brancas nada conseguem: 30 D7T+, R1B; 31 D8T+, R2R. As negras estão seguras, com esmagadora superioridade material (podiam ganhar com a mesma linha de jôgo, após o lance das brancas, porém preferiram algo mais belo).

| 27 .... | P4B | 29 D×D | T8D+ |
| 28 C5C | D×C! | 30 R2T | .... |

Agora está justificado o sacrifício da D negra. Se 30 T×T, P×TD+ e ficam com T a mais.

| 30 .... | T×T |

As brancas abandonam. As negras jogaram uma partida de mestre. Calcularam precisamente a posição, o que lhes possibilitou iniciar uma demonstração no flanco-dama que logo ressaltou a futilidade dos esforços do seu contendor.

Observe-se que a demonstração no flanco-dama permitiu o P passado que afinal decidiu a luta.

Defendendo de um ataque violento

Muitas vêzes um jogador é chamado a se defender de um violento ataque e pelas próprias regras do jôgo. Geralmente cabe ao condutor das negras esta tarefa. Para a maioria, a defesa é tarefa enfadonha. Requer prolongada atenção e submete a forte tensão, deixando ao defensor a dupla tarefa de prever os expedientes defensivos e os lances que o adversário poderá realizar! Normalmente, uma boa defesa será altamente recompensada. Poucos enxadristas percebem que, por meio de uma hábil defesa, será possível obter vantagens do adversário. Uma defesa correta pode salvar partidas perdidas ou que se apresentem como tais. Muitos jogadores se esquecem de que o ataque é apenas uma parcela da partida e que nem sempre podem encontrar-se em situação favorável para o seu desencadeamento. Com fé e paciência no valor da resistência é possível obterem-se muitas vitórias. O exemplo que apresentamos nos mostra o que pode ser feito para resistir a um ataque persistente, poderoso e inventivo.

GAMBITO DOS BISPOS

BRANCAS	NEGRAS	BRANCAS	NEGRAS
1 P4R	P4R	5 C3BD	D2R
2 P4BR	P×P	6 P4D	C3B
3 B4B	C2R	7 C3B	D5C
4 D5T	C3C	8 D5D	C1D

137

Como podemos verificar, as negras jogam com tenacidade. Tomaram o P do gambito no 2.º lance e pretendem mantê-lo, indiferentes às dificuldades que esta captura poderá provocar.

Eis um tipo de defesa não estudada no Capítulo 3; mas é justamente agindo com semelhante teimosia que as negras acabam se encontrando em posição restringida, exatamente o tipo de posição que desejamos estudar.

9 P3TD   D2R   11 D5TR   P3BD
10 O—O   P3D   12 B2D   ....

96

As negras planejam realizar o grande roque.

As negras estão atrasadas no desenvolvimento e devem planejar a segurança de seu R, antes que as brancas vislumbrem algum meio para abrir linhas no centro. As negras, em conseqüência, preparam-se para o grande roque. Mas as brancas atrapalham êste plano.

12 ....   C3R   13 TD1R!   D2B!

As negras compreendem a impossibilidade do seu plano: se 13 ... B2D; 14 P5D!, C2B; 15 P×P, P×P e seu flanco-dama fica muito exposto.

14 P5D   C1D   15 P5R   ....

97

Parece perdida a posição das negras.

Parece que o R negro não pode defender-se do ataque central desferido pelo adversário. Muitos jogadores nesta altura abandonariam a partida, mas o combate para o condutor das negras apenas começou...

| 15 .... | PD×P! | 17 R1T | O—O |
| 16 C×P | B4B+ | 18 P×P | .... |

A variante praticada pelas negras para escapar, conseguindo rocar, parece miraculosa! Mas o perigo ainda continua. Por exemplo se agora 18 ... P×P?; 19 C×C; PT×C; 20 D×B e as brancas ganham uma peça. Contudo, as negras descobrem um magnífico contrajôgo nesta situação crítica.

18 ....   B6R!!

Atacando o B que se encontra desprotegido. Se agora 19 B×B (a resposta natural) D×C! e qualquer que seja o lance das brancas, sempre deixam uma peça! Por exemplo, 20 D×D, C×D e ambos os bispos brancos estarão atacados.

Nesta situação, as brancas decidem entregar uma peça para manterem a potência do ataque. Na realidade, a posição das negras é ainda muito difícil, mas nesta altura já existe contrajôgo.

139

19 C3B   B×B!

Com êste lance as negras colocam o adversário face a uma desagradável escolha.

Se agora 20 C×B, P×P, esmorece inglòriamente o ataque, com as negras mantendo o P a mais do gambito.

Assim, as brancas preferem insistir no sacrifício da peça — uma vitória psicológica para as negras.

20 C5CR!   P3TR

A única resposta contra a ameaça de mate.

21 D×C   P×C   22 C5D!   ....

Atacando a D e ao mesmo tempo ameaçando 23 C6B×, R1T; 24 D7T mate. Porém mesmo nesta crítica situação as negras descobrem uma saída.

22 ....   D×P!

As negras não receiam o xeque. *

23 C7R+   R1T

98

As negras prosseguem na defesa.

---

* As negras podiam escapar com 22 P×D; 23 C×D+ desc. R2T; 24 C×T B×T, mas preferem lutar sem entrar nesta difícil variante.

140

As negras têm recursos para tôdas as linhas. Assim se 24 C×D, P×D, elas ficam com peça a mais; ou se 24 D5T+, D3TR com idêntico resultado.

Finalmente — e esta constituía a variante decisiva calculada pelas negras — se 24 B×P, C×B!; 25 C×D, B×T; 26 C7R!, B7D; 27 D5T+, C3T; 28 C6C+, R1C; 29 C×T, R×C, e as negras ganham com três peças pela dama.

24 D×P5C   D3TR!   25 D5BD   C3R

Tendo em vista a ameaça 26 C6C+, as brancas ainda intentam atacar, porém as negras dominam o jôgo.

26 B×C   B×B   27 T5R   B6R!

As brancas ameaçavam ganhar o D com T5T porém, agora, as negras estão em condições de neutralizar o ataque.

99

As negras sobreviveram à tempestade de ameaças.

28 D5C   P3CR!   29 D×P   R2C

Agora a iniciativa está com as negras. Ameaçam 30 ... D×P+!!; 31 R×D, T1T+ e mate a seguir.

141

30 D3B	TD1D	33 D×BD	D×D
31 P3T	D5T	34 P×D	T1T+
32 C6B	B5C!	35 T5TR	P×T

As brancas abandonam. Esta partida, obra-prima de excelente jôgo defensivo, nos mostrou as possibilidades de uma tenaz e engenhosa defesa. Poucas partidas nos revelam tantas e tão difíceis manobras face a um poderoso. ataque.

O rei como peça combatente

A tarefa mais importante da manobra defensiva é a proteção ao rei. Embora muitos jogadores pequem descuidando-se dessa tarefa, algumas vêzes agem de forma excessivamente cautelosa. Ocasiões há em que a audácia e a firmeza se devem sobrepor à cautela e à rotina. Na extraordinária partida que se segue, as negras bem compreenderam a necessidade de colocar seu R em jôgo:

DEFESA CARO — KANN

BRANCAS	NEGRAS	BRANCAS	NEGRAS
1 P4R	P3BD	5 B4BR	C3B
2 P4D	P4D	6 C2D	P3CR
3 P×P	P×P	7 CR3B	B2C
4 P3BD	C3BD	8 P3TR	C5R

Um lance de aventura que deixa as negras com partida difícil.

| 9 C×C | P×C | 10 C2D | P4B |

O único meio para proteger o PR; mas após a réplica das brancas, as negras ficam impossibilitadas de rocar.

11 B4B!...

100

As negras não podem rocar.

Como a posição acima nos revela, as negras não podem colocar seu R em segurança e sua T ràpidamente em ação. Na realidade, as negras dispõem de uma solução: 11 ... P3R, que torna possível o roque, porém enfraquece o P3R — sempre sob o ataque do BR das brancas. Pior ainda, o BD das negras ficará encerrado. As negras se decidem por uma linha corajosa e inconvencional.

  11 .... P4R!! 12 P×P C×P

Êste C deve ser tomado pois ameaça C×B ou C6D+, com belo jôgo para as negras em ambos os casos.

  13 B×C B×B 14 D3C D3C!

Naturalmente as negras oferecem a troca das damas para afastar as ameaças ao seu R.

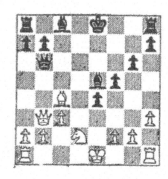

101

O rei apresta-se para uma longa viagem.

15 B5C+	R2R!	18 O—O—O	B3R
16 C4B	D4B	19 B4B	B×B
17 C×B	D×C	20 D×B	TR1D

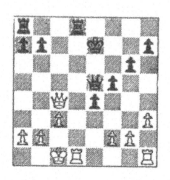

102

Ousadamente o rei está pronto para iniciar sua progressão.

Foi ousado o último lance das negras; seu R se encaminha para o campo oponente. O original e brilhante plano das negras prevê de forma paradoxal a própria segurança de seu R.

| 21 D4C+ | R3B!! |

O único lance correto. As negras raciocinam que levando seu R para 2 BR, seu PCD cairia com xeque. Se o R se orienta para a casa 1R, as brancas jogariam D×PC, ameaçando D×PTR, seguido de D×PC+.

| 22 D×PC | D5B+ | 23 R1C | D×P |

Como resultado desta captura, as negras ficam com PR passado que está pronto a marchar para transformar-se em D assim que a tempestade tenha serenado. Isto significa, em linguagem técnica, que as brancas têm um final perdido em perspectiva, se não puderem antes decidir a partida por intermédio de um ataque. Conseqüentemente, a segurança do R negro é fator-chave na variante que se segue. As negras não temem 24 D×PTR, pois seu PCR está protegido, graças ao seu 21.º lance. Além disso, 24 D×PTR, pode ser respondido com D×PCR, com dois peões passados e ligados — uma vantagem posicional esmagadora. As brancas elegem outra variante.

24 D6B+   R4C!   25 P4T+   R5C!!

O rei das negras, como simples combatente, dirige-se contra os peões brancos, tendo possibilidade de mais tarde atacá-los (... R6C etc.).

103

O rei das negras ataca!

26 TD1BR   D3C!

Propondo a troca das damas, o que significaria suicídio para as brancas. A resposta das brancas ameaça 28 D2R+ e 29 T3T mate!

27 D4B   T7D!

As negras neutralizam a ameaça de mate e por sua vez ameaçam. Elas agora ganham fàcilmente aumentando a pressão.

28 P4C	D6R	31 T4B+	R6C!
29 T3T	D3C	32 D5D	T1BD
30 T3T-3B	TxPC	33 D7D	D3T

As brancas abandonam (se 34 P4T, D5B). Uma das mais originais partidas já realizadas e um dos mais belos exemplos de xadrez conduzido friamente e cheio de recursos, ante as mais diversas circunstâncias.

Recuperação de uma posição perdida

Anteriormente apreciamos belas partidas jogadas pelas negras. Na prática, naturalmente, seu jôgo nem sempre é tão belo. Muitas vêzes jogam mal e acabam com uma posição perdida. Isto no entanto não significa que devam abandonar, pois freqüentemente há possibilidade de recuperação nas mais desastrosas posições. E até, em certos casos, uma partida arruinada, salva por meio de hábeis recursos, pode ser classificada como obra de mestre.

DEFESA ÍNDIA DO REI

BRANCAS	NEGRAS	BRANCAS	NEGRAS
1 P4D	C3BR	5 C3B	O—O
2 P4BD	P3CR	6 B2R	P4R
3 C3BD	B2C	7 O—O	P×P
4 P4R	P3D	8 C×P	T1R

As negras trocaram cedo os peões para obterem uma grande diagonal livre para seu B em "fianqueto". Esta troca é discutível, pois as peças brancas ganham maior liberdade de ação.

Com seu 10.º lance (... P3B) as negras enfraquecem seu PD. Suas intenções são as melhores: pretendem

146

espaço para a sua D, de forma a tornar possível a ligação entre suas tôrres.

9 P3B	CD2D	12 B3R	D2B
10 B5C	P3B	13 TD1B	C3C
11 D2D	D3C	14 TR1D	CR2D

Como antecipamos as negras encontram-se com uma posição constrangida. Não está claro o que desejam ou o que podem realizar, mas a sua manobra de reagrupamento não está muito longe de ser concluída. Seu último lance deixa às brancas a oportunidade para um ataque promissor.

104

As negras subestimaram a combinação das brancas.

15 C4D-5C!   ....

Eis o lance que não havia sido previsto pelas negras.

15 ....   P×C   16 C×P   D1D

As negras não estão bem.

17 C×PD   C4R

147

A retirada 17 ... T1B permite às brancas a recuperação de sua peça (com um P a mais), com 18 CxB, T×C; 19 P5B etc.

18 P5B!   C3C-2D   19 P6B?   ....

O prosseguimento natural — que as negras temiam — era 19 P4B, C3BD; 20 B4BD. Nesse caso as negras têm um C por dois peões, mas ficam em dificuldades para moverem uma peça, o que seria fatal.
Com a linha adotada, as brancas procuram recuperar a peça sacrificada. Atingem seu objetivo — mas de acôrdo com os têrmos das negras.

19 ....   C×PBD!

As negras encontram o melhor lance. Observe-se que 19 .... P×P??, seria desastroso após 20 C×T, D×C; 21 P4B etc.

20 C×B   T×C   21 D×C   ....

105

Como as negras salvam a partida? I

21 ....   B5D!!

Um lance de mestre. Se 22 D×D, B×B+ ganha uma peça. E se 22 B×B? As brancas perdem a D.

148

22 T×B		C×T	

Agora o melhor para as brancas seria 23 D×D, C×B+; 24 R2B, TR×D, quando as negras ganhariam com a qualidade por um P. Mas elas seguem outro caminho:

23 B5CD?	T×T+	25 B×D	T1D!
24 B×T	D×D	Aband.	

Pois, após o B ter deixado a casa 7D, as negras ganham o outro B com ... C7R+.

As negras resistiram em dificílima situação, enquanto as brancas fracassaram em seu forte ataque.

As partidas neste capítulo exaltam os recursos que exigem sangue frio e a que às negras recorrem em situações defensivas difíceis. Partidas perfeitamente jogáveis, mas pelas virtudes de suas próprias dificuldades, representam um desafio digno de ser aceito e digno de ser solucionado.

Capítulo Onze

COMO PASSAR AO ATAQUE

AGORA DESEJAMOS mostrar algumas situações em que as negras se aproveitam de erros cometidos pelo adversário e passam a atacar. Antes, porém, torna-se indispensável uma palavra de alerta: as negras devem evitar precipitações entrando em ataques sem possuírem uma base segura. É fàcilmente constatável, nas partidas que se seguem, o êrro cometido pelas brancas, o qual justificou o ataque das negras que jogam corretamente.

Explorando um desenvolvimento falho das brancas

GAMBITO DE VIENA

BRANCAS	NEGRAS	BRANCAS	NEGRAS
1 P4R	P4R	3 P4B	P4D
2 C3BD	C3BR	4 PBxP	CxP

106

O cavalo das negras está esplêndidamente centralizado.

150

5 C3B   C3BD   6 B3D?   P4BR

As brancas não devem jogar B×C, pois perderiam tempo — e seu PR: mas capturam o PBR e.p. e com isso trazem o CR das negras a 3 BR. O PD não pode avançar, disto resultando que os BD e TD não jogarão no final.

7 P×P e.p.   C×PB   8 O—O   B4B+

Desenvolvendo-se com ganho de tempo. Note-se que as brancas não podem responder P4D.

9 R1T   O—O   10 B5C   C5CR!

Ameaçando o ganho da qualidade com ...C7B+. Se as brancas jogam P4D, então ... C×PD; 12 C×C, T×T+; 13 D×T, B×C e as negras têm um P a mais, Desta forma as negras obtêm nova vantagem: a troca do forte B branco, ampliando sua superioridade em desenvolvimento e suas perspectivas de ataque.

11 B×C   P×B   12 P4D   B3D

Fortifica-se o ataque das negras que ameaçam o ganho da qualidade, mediante ...B3T.

107

Podem as negras desprezar a ameaça sôbre seu cavalo?

	13 P3TR	B3T!!	
14 P×C	B×T	15 D×B	T×C!!

Com êste sacrifício as negras justificam o anterior; pois se 16 P×T, o mate é imediato com 16 ... D5T+. Se 16 D×T, D5T+ e agora se 17 D3T, D8R mate. Ou se 17 R1C, D8R+; 18 D1B, B7T+ ganhando a D. O melhor porém está por vir.

| 16 D1R | D5T+!! | 17 D×D | T8B mate |

Assim o brilhante ataque das negras teve êxito, porque o BD adversário não jogou, permanecendo em sua casa de origem.

Explorando um negligente desenvolvimento por parte das brancas

Nesta partida as negras jamais deixam passar qualquer lance para explorar enèrgicamente as oportunidades apresentadas. Seu jôgo é forte e organizado, enquanto as brancas são dispersivas, inicialmente jogam sem um objetivo definido e quando atacam, o fazem sôbre o alvo errado.

GAMBITO ESCOSSÊS

BRANCAS	NEGRAS	BRANCAS	NEGRAS
1 P4R	P4R	3 P4D	P×P
2 C3BR	C3BD	4 B4BD	C3B

Menosprezando a defesa de seu PD, as negras investem o PR contrário.

| 5 P5R | .... |

As brancas também pretendem atacar.

152

108

Como as negras salvarão seu cavalo?

5 .... P4D!

Em lugar de defesa, as negras atacam — e abrem a diagonal do seu BD, ao mesmo tempo.

6 B5CD   C5R   8 C×C   P×C
7 C×P   B2D.   9 B3D   B4BD

As negras justificam seu ataque, pois têm duas peças a mais em jôgo.

10 B×C   ....

109

Devem as negras recapturar a peça?

10 ....   D5T!

153

Perfeitamente jogável é a alternativa 10 ... P×B, mas o lance de D leva outra peça ao jôgo — ameaçando, ainda, mate.

11 D2R   P×B   12 B3R   B5CR!

Forçando uma situação de crise, pois, se 13 D2D, as negras deixam seu adversário sem resposta satisfatória após 13 ... T1D.

13 D4B   ....

Fortíssimo à primeira vista: se as negras tentam salvar seu B; D×PBD+ parece mortal.

13 ....   B×B!

110

As negras entram em brilhante combinação.

Contra 14 D×PBD+, as negras planejaram 14 ... B2D!! 15 D×T+, R2R!!; 16 D×T e as negras têm mate partindo de 16 ... D×PB+. Suponhamos, contudo, que as brancas interpolem o lance 16 P3CR nesta variante. Então, as negras ganham com 16 ... B×P+!; 17 R×B, P6R+!. Se agora 18 R×P, D4C+, ganhando a D e se 18 R1C, P7R! é decisivo. Finalmente, se 18 R1R, D5CD+; 19 P3B, D×PC; 20 D×T, B5C!, as negras forçam o mate.

154

| 14 P3CR | D1D!! | 16 R2B | D6B+ |
| 15 PxB | D8D+ | 17 R1C | .... |

Contra 17 R1R, as negras tinham 17 ... DxPR+; 18 R1B, B6T mate.

| 17 .... | B6T! | 19 DxT+ | R2R |
| 18 DxPBD+ | R1B | Aband. | |

A D branca fica exposta e o mate não pode ser evitado. Belo jôgo das negras.

Explorando um plano falho das brancas

Algumas vêzes as brancas, após conseguirem bom jôgo, entram em um plano falho. É preciso muita agudeza para perceber a falha no procedimento das brancas. Na agradável partida que se segue, as negras exploram êsse procedimento falho do adversário.

GIUOCO PIANO

BRANCAS	NEGRAS	BRANCAS	NEGRAS
1 P4R	P4R	3 B4B	B4B
2 C3BR	C3BD	4 P3B	....

111

As negras devem tomar uma decisão sôbre o centro.

As brancas pretendem jogar P4D. Então, se as negras trocam os peões, as brancas ficam com poderoso centro e um desenvolvimento ideal. Assim, as negras resolvem não tomar a iniciativa neste sentido.

4	P3D	9 T1R	O—O
5 O—O	B3C!	10 P4CD	R1T!
6 P4D	D2R	11 B3T	C1CR!
7 P4TD	P3TD	12 P5C	C4T!
8 P3T	C3B	13 C×P	....

Desde que ... P×C??? perderia a D, as negras parecem ter cometido um equívoco. Como recuperar o P?

112

As negras estão no ataque.

13 ...   P3BR!

Com esta poderosa réplica as negras modificam completamente a situação. Se o C atacado se movimenta, as negras ganham uma peça. Assim é compulsória a resposta das brancas.

14 B×C   PB×C!   15 B2T   PR×P

Se agora 16 PB×P, D3B favorece as negras.

16 C2D   B×PT!

113

A surprêsa do sacrifício está em seu início.

Se 17 P×B, as negras pretendem 17 ... D4C+; 18 R1B, T×P+!!; 19 R×T, P6D+ desc. com ataque esmagador.

17 C3B   B5C   18 PB×P   P×P!

Para 19 P×P as negras dispunham de ... B×C; 20 P×B, D4C+; 21 R1B, D×P+ com vantagem material.

19 D3D	B×C	21 R1B	C5B!
20 P×B	D4C+	22 B1B	D4T
	23 P×P	T×P!!	

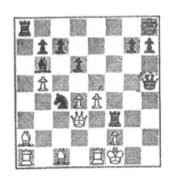

114

As negras presentearam seu adversário com outra desagradável surprêsa.

157

O último sacrifício das negras tem por base o seguinte: se 24 D×C, então ... T6TR!

24 B×C   T×T!   25 D1D   T×B!

As brancas abandonam, pois se D×T1B, T6TR! e ganham.

Capítulo Doze

COMO EXPLORAR
ABERTURAS INCOMUNS

No CAPÍTULO 7, vimos o perigo que correm as negras adotando aberturas estranhas, que apresentam o inconveniente de abandonarem o centro. Tal falha estratégica também não se recomenda para as brancas, embora envolvendo menor perigo, em virtude de a elas caber o privilégio da abertura e portanto mais tempo para evitarem o desastre. Por exemplo, podem efetuar o roque mais cedo, obtendo relativa segurança para seu Rei. Porém, é fora de dúvida que, assim procedendo, estão abrindo mão da iniciativa e o problema para as negras passa a ser, não mais como conseguir a igualdade, mas como explorar a oportunidade que o jôgo inferior do adversário lhes concede.

"Fianqueto" do rei

No jôgo moderno, o bispo muitas vêzes é empregado em "fianqueto"; conseqüentemente, poderia ser interessante começar a partida com 1 P3CR, particularmente, porque em se tratando de um lance incomum, exigirá das negras a procura de uma resposta adequada, fora das normalmente usadas. Mas 1 P3CR acarreta o inconveniente já nosso conhecido, pois sôbre êle nos referimos ante-

159

riormente, de conceder liberdade de ação no centro para as peças negras e permitir que elas se desenvolvam à vontade e de forma eficiente. Após alguns lances, as brancas notam que perderam a iniciativa e que estão na defesa.

"FIANQUETO" DO REI

BRANCAS	NEGRAS
1 P3CR	P4R

Agora as negras pretendem responder 2 B2C com ... P4D, ficando com magnífico centro de peões. Assim as brancas, objetivamente, modificam sua decisão.

2 P4D	P×P	3 D×P	C3BD!

Sem fôrças no centro, as brancas permitem o ganho de tempo para o desenvolvimento contrário.

4 D4TD	B4B	7 P3B	B2D
5 B2C	CR2R	8 D2B	B4B!
6 C3BR	P3D	9 P4R	B2D

As negras provocaram P4R para induzirem as brancas ao próprio bloqueio da diagonal do "fianqueto". Em vista disso, as negras estão com melhor desenvolvimento e podem encarar o futuro com confiança.

10 CD2D	D1B	13 C4B	P4D
11 P3TR	O—O	14 C×B	PB×C!
12 P4CD?	B3C		

115

As negras exercerão pressão, através da coluna bispo-dama.

Com 12 P4CD?, as brancas debilitaram mais sua posição, procurando despojar as negras do seu par de bispos. A inesperada recaptura das negras (em lugar do normal 14 ... PT×C) abriu a coluna BD, permitindo operações contra o enfraquecido PBD. Assim as negras estão com nítida vantagem posicional.

15 B3TD   P×P   16 C5C   C5D!!

As negras aparam a ameaça P5C e ao mesmo tempo preparam trocas simplificadoras que acentuem a vantagem.

17 D2D   C6B+   18 B×C   ....

Ou se 18 C×C, P×C; 19 B×P, B×P; 20 B×P?, D×B; 21 T×B, D7C e as negras levam uma T.

18 ....   . P×B   20 D3D   C3C
19 O—O—O   B5T   21 T2D   B4C!

pois, após 22 D×B, D×P+; 23 R1D, D×B, as negras ganham fàcilmente. Se 22 D×P?, B3B é ainda mais positivo.

161

22 D2B	B7R!	25 T×T+	D×T
23 P4T	P4B	26 D×P	D3B
24 P5C	T1D	27 D×D	....

Igualmente, sem esperanças, seria 27 D2B, B×P etc.

27	P×D	30 R2D	T1D!
28 C4R	R2C	31 R3R	C5C+!
29 C6D	C4R		

Isto é mais rápido do que 31 ... T×C; 32 B×T, C5B+ e 33... C×B; pois agora o PBR avançado das negras transforma-se em peão passado.

32 R4B	C×P	34 C5B+	R2B
33 T1CD	C5C	35 abandonam	

A posição das brancas é desesperadora; por exemplo, 35 C3R, P7B; 36 C1B, T8D; 37 T×T, B×T e 38 ... B7R ganha uma peça.

Nesta inexcedível e instrutiva partida, o jôgo lógico das negras puniu cabalmente os erros cometidos pelo adversário na abertura.

O "FIANQUETO" DA DAMA

Como veremos na partida que se seguirá, 1 P3CD é igualmente desaconselhável para o início do jôgo. Novamente as negras ficam com liberdade de ação no centro e fácil desenvolvimento. Em conseqüência, não constitui surprêsa como ràpidamente se apoderam da iniciativa e levam avante poderoso e brilhante ataque à base de sacrifício.

A partida esclarece perfeitamente o assunto:

O "FIANQUETO" DA DAMA

BRANCAS	NEGRAS	BRANCAS	NEGRAS
1 P3CD	P4D	4 C3BR	B2C
2 B2C	C3BR	5 P3TR	O—O
3 P3R	P3CR	6 P4CR?	....

A história novamente se repete. As negras podem desenvolver-se confortàvelmente, sem qualquer pressão ou problema de ordem defensiva. As brancas, contudo, ameaçam atacar, pretendendo amedrontar o adversário. Mas o lance do ataque apenas cria debilidades, enquanto as negras, completamente à vontade, prosseguem, sem maiores empecilhos ao desenvolvimento das peças.

6	P4B	8 P3D	B2D
7 B2C	C3B	9 CD2D	D2B

As negras constroem um desenvolvimento ideal, tendo em vista um eventual ... P4R e uma posição esmagadora no centro.

10 C1B	TR1D	11 C3C?	C×P!

Uma combinação viável graças ao excelente desenvolvimento. É possível, porque após 12 B×B, seguir-se-ia 12 ... C×PR! e as negras ficam com 2 peões a mais.

12 P×C	B×B	14 C2D	C4R
13 TD1C	B6B+	15 B3B	...

As brancas não podem defender seu PCR com 15 P3B, pois então 15 ... C×PD+! ganharia outro P.

As negras ameaçam ganhar uma peça com 16 ...
B×C+ ou 16 ... C×B+. As brancas estão completamente ausentes do jôgo e as negras têm o domínio das ações.

    16 C3C—1B   D×P

Agora as negras ameaçam 17 ... C×B+; 18 D×C, D×T+

    17 B2R   D4T

Também possível era 17 ... B×P, mas as negras estão satisfeitas.

| 18 P4B | C3B | 20 B3B | P5D! |
| 19 R2B | D2B! | 21 C4R | P×P+ |

Se agora 22 R×P, B5D+ e ganham fàcilmente.

22 R3C   B2C   23 C×PR   B1R

Protegendo, indiretamente, seu PBD, pois se 24 C×P?, B5D ganha.

24 D1BR   P3TR!   25 P3B?   ....

As brancas caem em sutil armadilha.

116

As negras têm brilhante sacrifício de dama.

25 ....   D×P+!!

Pois se 26 R×D, B4R mate.

26 R2B   C4R

As brancas abandonam, porque perderiam mais material. A falha das brancas na abertura foi explorada de forma ideal. As negras, cuidadosamente e com muita habilidade, montaram uma posição esmagadora, explorando, com perfeição, os equívocos do adversário.

Erros após 1 P4R

Nas duas partidas anteriores, assistimos como as brancas perderam ràpidamente a iniciativa por terem empregado aberturas irregulares que desprezam o desenvolvimento e menosprezam o problema central.

É verdade que, após 1 P4R, as brancas têm melhores perspectivas que nas aberturas anteriores, porém, mesmo após 1 P4R, se cometerem erros que anulem os benefícios provenientes do excelente lance inicial, poderão encontrar-se em dificuldades, como por exemplo:

ABERTURA IRREGULAR

BRANCAS	NEGRAS	BRANCAS	NEGRAS
1 P4R	P4R	2 B2R	....

Lance estranho. As brancas não exercem qualquer pressão sôbre o jôgo contrário (o que não sucederia com 2 C3BR). Ao mesmo tempo desprezam a possibilidade de, mais tarde, desenvolverem o B de forma mais agressiva, em 4BD ou 5CD.

165

2	C3BR	3 P3D	C3B

Os contendores inverteram seus papéis. As brancas voluntàriamente caíram na defesa e as negras têm um desenvolvimento fácil. Um lance passivo — o descolorido 2 B2R — foi o causador desta situação.

4 C3BD	B5C	7 B5C	P3TR
5 C3B	P3D	8 B2D	C2R
6 O—O	O—O	9 D1B	....

Bem significativo. Devido ao fraco lance 2 B2R, as brancas agora não dispõem de boa casa para sua D. Enquanto isso, as negras conseguem maior mobilidade para suas peças, abrindo a coluna BR.

9	C2T	11 PR×P	....
10 P4D	P4BR		

A alternativa 11 PD×P, B×C; 12 B×B, PB×P; 13 C2D, P4D não oferece maiores oportunidades para as brancas.

11	B×C	14 C×C	B×C
12 B×B	P5R	15 P5D	D5T
13 C4T	C×P	16 P3B	....

As brancas trabalharam conscienciosamente para obter liberdade de ação e agora 16 D3R estaria mais de acôrdo com êsse esfôrço, embora, ainda assim, as negras continuassem com a iniciativa.

16	TD1R!	18 D2D	....
17 P×P	B×P		

Por um momento tem-se a impressão de que as brancas resolveram seus problemas, pois agora pretendem trocar suas tôrres na coluna aberta ou disputar o contrôle desta coluna; porém, com suas peças bem desenvolvidas, as negras podem ferir bruscamente.

As negras têm combinação tática inteligente.

18 ....   B×PC!

Só 19 R×B, D4C+! e as negras têm final ganho e fácil, após 20 D×D, T×B+ ou 20 R1T, D×D; 21 B×D, T×B.

19 T×T+   T×T   20 B3D   ....

Naturalmente não serve 20 R×B?, devido a ... T7B+ e mate a seguir.

20....   B6T

As brancas abandonam. Por quê? As negras ameaçavam ... C4C seguido de C6B+ com efeito decisivo. As brancas deveriam jogar 21 B×C+, mas, após 21 ... R×B; 22 D3D+, B4B; 23 D2D, B5R!, as brancas nada podem contra ... D5C+ — salvo se pretendem perder nôvo P com 24 DIR, D5C+!; 25 D3C, D×D+; 26 P×D, B×PD. Isto deixaria as negras com final ganho e assim elas preferem abandonar.

Os três exemplos dêste Capítulo mostram, de forma convincente, que a escolha de aberturas "exóticas" pode fàcilmente arruinar o jôgo das brancas, beneficiando as negras. A violação de sólidos princípios da abertura concede às negras, em cada caso, bom desenvolvimento e confortável iniciativa. Há razões, portanto, para as negras olharem com simpatia êstes bizarros lances do adversário.

Impresso em 1972, nas oficinas da
EMPRÊSA GRÁFICA DA REVISTA DOS TRIBUNAIS S.A.
Rua Conde de Sarzedas, 38, fone 33-4181, SP, Brasil
com filmes fornecidos por
IBRASA — Instituição Brasileira de Difusão Cultural S.A.